UBLIC ADMINISTRATION CONCERT

제3판

행정학 콘서트

· 권기헌 저

큰 애가 대학에 들어가면서 갑자기 던진, "아빠, 행정학이 뭐예요?"라는 질문에 나는 순간 답이 탁 막혀 버렸다. "행정학이 뭐지?" "행정학이란 과연 무엇을 하는 학문이지?" 대학에서 늘 가르치던 과목인데 대답하려니 막상 말문이 막히고 답이 궁했다.

"행정학은 어떤 성격의 학문이지?" "왜 필요하지?" "행정학이면 행정현상에 대한 탐구일 텐데, 행정현상이란 뭘까?"

고등학교를 졸업하기까지 학생들은 행정학이라는 단어를 거의 들어보지 못한다고 한다. 정치외교란 정치와 외교 혹은 외교관이 될 때 필요한 소양, 경제경영이란 대기업에 들어갈 때 필요한 소양이라는 것은 쉽게 연결되는데, 행정이란 뭔지 명확히 손에 잡히지 않는다고 한다. 그저 정부 공무원이 될 때 필요한 학문이라는 것 정도라고나 할까. 그것도 공무원이라고 하면, 신분이 보장되어 안정적이라는 점은 알겠는데 왠지 업무가 딱딱하고 고리타분한 느낌이 든다. 행정고시가 왠지 좋다는 건 알겠는데, 도전하기가 겁이 나는 것도 사실이다.

하지만 행정학은 정부 공무원에게 필요한 학문일 뿐만 아니라 공기업과 같은 공공기관에서도 필요한 학문이며, 국제기구에 들어가고 싶을 때에도 필요한 학문이다. 군대조직에서도 행정은 필수이며, 교육기관에서도 행정은 필수이다. 이렇게 여러 방면에서 필수적인 학문임에도 행정은 이미지 메이킹Image making과 네이밍Naming에서 실패한 느낌이다. 행정이라는 브랜드Brand가 전해 주는 명쾌한 느낌 전달이 없다. 진작 정부학이나 국정관리학, 혹은 공공관리학이라고 했으면 더 좋았을 법했다.

아무튼 이 책은 이러한 문제의식을 필두로, 행정학을 좀 더 명확하게 전달하려는 입문서의 일환으로 준비되었다. 그 방식으로 본 서는 행정학 역사 속 거장ᇀᇁ들의 이야기를 직접 들어보는 형식을 취했다. '박물관은 살아있다'라는 영화에서 박물관에 전시된 역사 속의 인물들이 되살아나 움직이듯이, 이 책은 '행정학은 살아있다'는 콘셉트Concept로 행정학 역사 속 거장들의 이야기를 스토리텔링Storytelling 형식으로 엮었다.

콘서트Concert라는 무대에는 스타Star가 필요하다. 전부는 아니지만 행정학의 주요 시기별로 중요한, "나는 행정학자다" 급에 해당되는 대표적 학자를 선별하여 그들의 시대적 고민과 쟁점을 들어보려고 했다. 그 과정에서 행정학에 대한 이해를 이야기 방식으로 재조명했다. 이러한 방식의 스토리 전개가 행정학이란 무엇인지를 이해하는 데 도움이 되길 기대해 본다.

행정학 콘서트를 처음 출간한 지도 많은 시간이 흘렀다. 이번에 개정판을 출간하면서 몇 가지만 추가했다. 그것은 챗GPT, 인공지능과 같은 4차 산업혁명의 진행, COVID-19 팬데믹, 기후변화 및 대규모 재난 등 정책 환경의 급속한 변화에 따라 이에 대처하기 위한 행정이념과 정부모형에 대한 공부가 필요하다고 판단했기 때문이다.

4차 산업혁명은 VUCAVolatility, Uncertainty, Complexity, Ambiguity 즉, 변동성, 불확실성, 복합성, 모호성을 띠면서 우리에게 점점 더 구체적 현실로 다가오고 있다. 한편 지난 3, 4년간 COVID-19 팬데믹으로 세상이 혼란해지고 기후변화, 4차산업혁명 등으로 쉽게 해결하기 어려운 거대 난제wicked problem들이 등장하면서 행정학은 보다 민첩한 문제해결과 스마트한 국정관리를 해야 하는 학문이 되었다. 이번에 이런 부분들을 다소 보완하였다.

고도로 전문화되면서 발전하고 있는 스마트 기술혁명과 Social Web의 발달이라는 새로운 정책 환경에 직면해서 행정학이라는 학문이 '궁핍한 전문성impoverished professionalism'1) 수준에서 벗어나기 위한 대응원리와 철학은 무엇인지를 간략하게 살펴보았다.

2025년 1월
성균관대학교 행정학과 연구실에서
권기헌

차 례

프롤로그
행정학이란 무엇인가?

'**행정학**'Public Administration하면 무엇부터 떠오르는가?
정부, 행정, 공무원, … 어쩌면 매우 생소한 단어로 들릴지 모르
겠다. 우선 고등학교까지 배우는 정규 교과 과정을 통해 행정학이
라는 단어를 쉽게 접할 수 없기 때문일 것이다. 대학 수능과목 또
한 정치, 경제, 사회문화가 있는 데 비해, 행정은 없다. 그러다보
니 용어가 생소하고 지루하게 느껴지는 것도 사실이다. 기껏해야
공무원이 되기 위해 배우는 학문 정도로 이해되는 현실이다.

  뿐만 아니라, 행정학이란 단어는 매력적인 것 같지도 않다. '행
정'을 단어 자체로만 보자면 '정政치를 실행行함'인데, 행정이란 용
어 자체가 좀 우스꽝스럽기도 한 것 같다. 일제日帝시대에 일본사
람들이 영어 Public Administration을 자기식대로 번역한 것으로
우리가 그대로 답습한 오류이다. 그러다보니 정치, 경제의 명확성에
비해 단어 자체가 주는 신선함이 떨어진다. 그리고 너무 실무적
냄새를 풍기는 것도 사실이다. '행정'이라는 뜻은 '정치를 실행'

한다는 표현이니, 마치 정치의 하위 개념인 것처럼 느껴지기도 한다.

하지만 그렇지 않다. 좀 더 바르게 이해하자면, 행정학은 정부의 운영원리로서 행정부행정고시, 외교부외무고시, 국제기구, 군대행정을 이해하는 데 필수적인 이론이다. 미래에 행정관료가 되려는 사람, 외교관이 되려는 사람, 국제기구에 근무하고자 하는 사람, 군대조직에 근무하고자 하는 사람들에게 매우 필요한 지식이다.

행정학은 무엇보다도 정부운영에 관한 학문이다. 이런 관점에서 보면 행정학이란 용어보다는 정부학, 국정관리학 혹은 공공관리학이 더 어울리는 이름 같기도 하다.

행정학=정부의 운영원리

행정학은 정부를 중점적으로 다루는 학문이다. '정부는 국민을 위해 존재한다'는 말은 들어 보았을 것이다. 우리가 민주주의 정치체제에 살기 때문이다. 이러한 정부운영의 구조는 투입-산출모형으로 쉽게 설명된다.

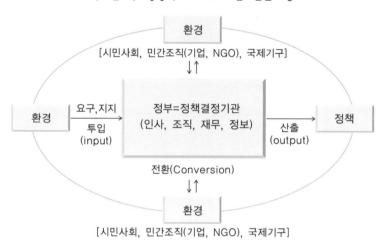

〈그림 1〉 행정학의 이해: 투입−산출모형

조직, 인사, 재무, 정보, 정책

정부는 국민의 세금을 거둬 운영하며, 병역을 통해 국방을 지킨다. 그리고 국민들이 지지해 줌으로써 그 정당성을 획득한다. 이러한 조세, 병역, 정당성 등을 정부의 지지Support라고 할 수 있다. 한편 국민들은 정부에게 필요한 서비스를 요구Demand할 권리가 있는데, 이처럼 요구와 지지를 투입Input이라고 한다. 또한 정부는 조직, 인사, 재무, 정보체계 등 내부 행정과정을 거쳐 정책을 산출 Output한다. 결국 정책을 통해 국민에게 다가가는 것이다. 정리하면 행정학은 조직, 인사, 재무, 정보 등에 대한 내부원리와 함께, 국민에게 제공되는 정책 등을 다루는 학문이라고 할 수 있다.

거버넌스

정부를 다루다 보니 정부를 둘러싼 환경에 대해서도 관심을 갖게 되며, 이에 따라 행정학은 정부와 시민사회, 정부와 민간기업, 정부와 국회, 정부와 지방자치단체 등에 대해서도 다루게 된다. 특히 1990년대 이후부터는 정부와 사회의 관계가 좀 더 민주적이고 투명해질 것을 요구하는 목소리가 세계적으로 높아지게 되었다. 이에 의해 정부가 독단적으로 결정하고 운영하는 국정운영방식이 아니라, 정부가 시장기업, 시민사회NGO 등과 좀 더 수평적인 관계에서 협력적으로 국정을 운영하는 방식이 등장하게 되었으며, 이러한 국정운영방식을 거버넌스라고 한다〈그림 1〉에서 보면 거버넌스란 정부조직내부와 환경(시민사회, 기업 등)과의 네트워크 및 상호작용을 규정짓는 분야의 학문이라고 할 수 있다.

격변의 시대

왈도D. Waldo는 1960년대 말, 미국사회의 변동성을 '소용돌이의 장field of vortex' 혹은 '격변의 시대age of turbulence'라고 불렀다. 이에 그는 '신행정학'이라는, 참여와 민주적 가치를 강조하는 새로운 행정학적 패러다임을 주창한 바 있다. 1970년대 말 신공공관리 NPM, New Public Management는 세계경제의 스태그플레이션, 공공부문의 비대화와 재정적자 위기 등에 직면하여 공공부문의 감축, 민영화, 민간경영 기법의 도입 등 효율성을 강조하였다. 1990년대에 들어와 거버넌스Governance는 당시 진행되었던 새로운 변화들 즉, 인터넷 기술의 발달로 인한 정보화, 세계화, 신자유주의의 전개 등의 급격한 환경변화에 직면하여, 정부-시장-시민사회의 신뢰와 협력에 기초한 네트워크적 문제해결 방식을 지향하는 새로운 행정학적 패러다임을 제창했다.

그렇다면 21세기에 들어와 최근 등장하고 있는 인공지능과 로봇기술의 발전, 바이오와 나노기술의 결합으로 인한 생명연장, 빅데이터의 발달로 인한 정부혁신, 드론과 자율 주행차의 출현으로 인한 새로운 법률과 행정체계의 필요성 등과 같은 가히 급변하는 행정환경은 행정학에게 어떤 패러다임을 요청하고 있는가?

언급했듯이, 현대 정책환경은 급변하고 있다. 바이러스가 급습하고 있고, 첨단기술이 급변하고 있다. 변동성, 불확실성, 복합성, 모호성으로 대변되는 격변의 시대이다. 4차 산업혁명이 도래하면서 인공지능과 인지과학에 기반한 빅 데이터의 중요성은 급증하고 있고, 이러한 변화에 부응하여 각국은 창조적 정책대안의 개발과 법제도를 포함한 윤리적 이슈를 앞다퉈 연구하고 있다. 이러한 환경변화는 전통적 접근에 비해 보다 종합적인 정책적 고찰을 요구하고 있고, 체제에 참여하는 정책행위자들 간의 관계 성찰성을 보다 근본적으로 요청하고 있다. 대표적인 사례로 하버드 케네디 스쿨은 NBIC 연구센터를 열고, 나노Nano, 바이오Bio, 정보과학 Information, 인지기술Cognitive science의 비선형적 발달에 부응하는

정책대안 개발과 윤리적 문제에 신속하게 대응하기 위한 연구에
박차를 가하고 있다.

〈그림 2〉 하버드 대학과 정부 5.0[2])

새로운 도전

행정 환경의 급격한 변화는 정부모형에 있어서도 새로운 도전
으로 다가오고 있다. 막스 웨버가 강조한 정부 1.0과 영국의 대처
수상 및 미국의 레이건 대통령에서부터 강조된 정부 2.0, 그리고
마크 무어가 강조한 정부 3.0, 네트워크와 수평적 협력을 강조하
는 정부 4.0을 넘어서는 새로운 모형을 요청하고 있다. 요컨대,
현대의 VUCA Volatility, Uncertainty, Complexity, Ambiguity 시대는 새로운
불확실성의 환경을 가중시키면서 새로운 문제해결 방식과 정부형
태를 요구하고 있는데, 가령 정부 5.0과 같은 지혜정부를 필요로

하고 있다.

정부 5.0은 신속하고 책임지는 리더십을 강조한다. 또한 기존의 정부 1.0, 정부 2.0, 정부 3.0, 정부 4.0에서 보여주었던 문제의식, 즉 효율성, 시장성, 공적 가치, 관계 네트워크 등의 문제해결방식으로는 풀기 어려운 비선형적 문제들에 대해 보다 근본적으로 성찰할 것을 요구하고 있다. 즉, 속도와 윤리라는 측면에서 보다 더 신속한 문제해결을 요구하며, 보다 더 높은 윤리의식에 기초한 책임지고 소통하는 지혜로운 리더십을 요청하고 있다.

〈그림 3〉 정책환경의 급격한 변화: 새로운 도전

Gov 1.0 Max Weber	Gov 2.0 Thatcher&Reagan	Gov 3.0 Mark Moore, 1995	Gov 4.0 2000s	새로운 바이러스 급격한 자연재해 첨예한 국제정세 급격한 기술경쟁
전통적 관료제	신공공관리	공공가치모형	뉴버넌스모형	
Bureaucracy	NPM New Public Management	PVM Public Value Management	Network New Governance	불확실성의 고조 (Hightened Uncertainty)
• 명령과 통제 • 관료제적 접근	• 기업가적 정부 • 시장형 접근	• 공공가치 강조 • 가치지향형 접근	• 뉴거버넌스 모형 • 네트워크 접근	Government 5.0

지혜정부

지혜정부는 창조지능형 지혜정부의 구현을 통해 인간의 존엄성과 공공가치를 추구한다. 신속한 문제해결과 효율적인 공적 서비스 전달을 통한 민첩한 정부Agile Government를 구축하고, 인공지능 및 빅데이터에 기반한 과학적 행정을 통해 사회적 난제 해결 등 지혜정부Wisdom Government를 구축하며, 공적 사회 안전망 강화 및 소통을 통해 윤리적이고 책임지는 정부Responsible Government를 구축한다. 즉, 새로운 형태의 정부모형은 속도, 책임, 윤리에 기초한 지혜정부를 추구해야 하는 것이다아래 〈그림 4〉 참조.

〈그림 4〉 지혜정부: 논리와 과제

한나 아렌트H. Arendt가 언급했듯이, '악의 평범성banality of evil' 속에서 전체주의totalitarianism는 앞으로도 우리 속에서 언제든 다시 나타날 수 있다. 정부의 운영원리를 연구하는 현대 행정학은 공동체 내에서 타인을 인정하고 소통하며 공적 가치를 실현하려는 민주주의 행정학이 되어야 하며, 이를 위해서도 행정학은 단순히 관료

제의 도구적 합리성에 매몰될 게 아니라 현대 민주주의의 가치를 확인해 나가면서 인간을 인간답게 해주는 새로운 이념적 기반을 만들어 나가야 한다.

이처럼 행정학은 새로운 사회 변화에 부응하여 문제 해결을 할 수 있는 모형과 이념을 제공하는 학문이다. '새로운' 행정학, 혹은 '새로운' 행정모형이 하나의 담론으로 끝나거나 허구로 치부되지 않기 위해서는 끊임없는 탐구가 필요하며, 또한 그동안 행정학이라는 학문이 성립하기까지 이를 고민하고 만들어 온 학술적 선구자들에 대한 공부가 필요하다.

이제 이어지는 장에서는 이러한 행정학의 이야기를 좀 더 생생한 스토리로 풀어 보고자 한다. 이를 위해 행정학을 지금까지 만들어 온, 그 시대를 살면서 활약해 온 역사적 인물들을 우리의 '행정학 콘서트'에 초대하고자 한다.

행정학 콘서트에 출연하는 스타급 대가들은 다음과 같다. 정부조직의 기본모형인 관료제를 주장한 웨버Weber, 정치로부터 행정의 독립을 주장한 윌슨Wilson, 과학적 관리법의 테일러Taylor, 정치행정일원론의 배경이 된 루즈벨트Roosevelt, 행정과학의 원리를 주장한 사이먼Simon, 발전행정의 원리를 주장한 와이드너Widener, 비교행정의 원리를 내세운 리그스Riggs, 신행정학의 대가 왈도Waldo, 정책학의 창시자 라스웰Lasswell, 정책결정모형의 앨리슨Allison, 정책분석 기준의 던Dunn, 신공공관리와 기업가적 정부의 배경이 된 앨고어Al Gore, 거버넌스 모형의 피터스Peters, 신제도주의 모형의 오스트롬Ostrom, 정책흐름모형의 킹돈Kingdon, 정책옹호연합모형의 사바티어Sabatier 등이다.

그럼, 행정학의 살아있는 전설이라고도 할 수 있는 거장트E들의 생생한 목소리를 기대해 보자.

CHAPTER

I

고전적 행정이야기: 정치행정이원론

관료제 모형의 창시자. 웨버(M. Weber) 이야기

미국 행정학의 아버지. 윌슨(W. Wilson) 이야기

과학적 관리법의 개발자. 테일러(F.W. Taylor) 이야기

Chapter I
고전적 행정이야기: 정치행정이원론

관료제 모형의 창시자, 웨버M. Weber 이야기

웨버의 고민: 근대적 생산체제에 가장 걸맞은 조직형태는 무엇일까?

웨버M. Weber는 1864년 독일에서 태어나 과학과 법률, 사회학, 정치학 등 거의 전 분야를 망라하는 하나의 거대한 패러다임을 제시한 거장이다. 그는 인간의 행위를 목적 합리적 행위, 가치지향적 행위, 정서적 행위, 전통적 행위 등 네 가지 유형으로 나눌 수 있다고 보았다. 근대화가 진행될수록 인간의 행위는 전통적 행위에 머물러 있기보다는 목적지향적인 행위로 바뀌어간다고 주장했다. 그리고 이러한 사회로 변모함에 따라 이를 뒷받침하는 조직 역시 목적지향적인 형태로 바뀔 필요가 있다고 보았다.

그가 살았던 시기에 독일은 산업화의 물결이 거세게 몰려와 농업경제가 붕괴되고 대량생산이 이루어지고 있었다. 또한, 정치적으로는 절대군주제에서 입헌군주정치로 변하게 되면서 '법에 의한 지배'의 개념이 퍼지기 시작하였다. 이런 배경에서 능률성이 강조되고 이를 뒷받침하는 공식조직Formal Organization이 등장하게 되었다. 다만 이러한 공식조직들은 분업과 통합이 이루어지고, 규칙과 절차가 중요하다는 특성을 지녔기에, 이러한 배경 속에서 웨버는 산업시대에 맞는 조직의 원리가 무엇인지 고심하기 시작했다.

산업화를 통해 대량생산이 이루어지고, 공식조직이 등장하고 있는 이 시점에 과연 전통적 조직원리는 타당한 것일까? 사회는 새로운 조직을 필요로 하고 있는 것이 아닐까? 새로운 조직원리가 있다면 어떠한 구조를 가져야 하며, 그 원리는 무엇인가?

대안: 근대적 의미의 효율적인 조직을 구성하자

웨버는 '사회경제적 조직이론'The theory of social and economic organization이라는 논문에서 이러한 고민을 본질적으로 토로하고 있다. 산업혁명이 진행되는 근대사회에서 그가 찾은 해답은 이제 과거와는 다른 조직원리가 요청된다는 것이었다. 즉, 산업화로 인해 변화된 사회구조 속에서 조직의 기본원리는 능률성을 향상시키기 위한 제도, 바로 합리화라는 방향으로 전환되어야 한다고 주장했다.

웨버는 정당성Legitimacy을 기준으로 권위를 전통적 권위, 카리스마적 권위, 합리적-합법적 권위 세 가지로 나누었다. 전통적 권위는 하위자들이 상위자들의 명령과 같은 전통적 권위에 대해 복종하는 것을 말한다. 가족이나 군주의 권위와 같은 권위이다. 카리스마적 권위는 하위자들이 상위자의 비범한 카리스마 때문에 복종하는 것을 말한다. 종교지도자와 같은 경우에 많이 나타난다. 마지막으로 합리적-합법적 권위는 하위자들이 상위자의 지배는 합법적인 것이라고 생각하면서 받아들이는 권위를 말한다. 관료제에서 법에 의한 명령과 권위는 이러한 합리적-합법적 권위라고 보았다.

쉬어가는 코너 웨버와 합리적 권위

웨버의 가족사 중에서 전통적 행위보다는 합리적인 행위를 중요시했던 그의 성격을 잘 드러낸 에피소드가 하나 있다. 웨버의 아버지는 매우 권위적인 성격으로 알려졌다. 그래서 웨버의 어머니는 가부장적 분위기 속에서 무척 힘들게 사셨다. 한번은 결혼한 웨버의 집에 부모님이 찾아오셨는데, 모든 가족 앞에서 아버지가 어머니에게 매우 가부장적이고 권위적인 모습을 보였다. 이에 웨버는 오랫동안 참아왔던 분노를 억제하지 못하고, 아버지와 매우 크게 다투었다고 한다. 웨버의 입장에서는 약자인 어머니의 자유를 위해 아버지의 잘못된 모습을 더 이상 볼 수 없다고 판단했던 것 같다. 그리고 아버지와 달리 웨버는 자신의 부인을 동등한 파트너이자 동반자로 대했다고 전해진다. 이러한 웨버의 가족사를 보면, 그가 전통적 권위보다는 합리적인 권위를 더욱 중시했던 이유를 또 다른 관점에서 이해할 수 있지 않을까?

웨버는 산업화·근대화로 대규모 조직이 등장함에 따라 비인격적Impersonal 명령에 의존하는 합리적-합법적인 권위를 기반으로 하는 관료제 조직이 가장 효율적인 형태라고 주장했다. 이러한 관료제의 원리를 좀 더 부연하면 다음과 같다.

❖ **관료제의 원리**
- 규칙에 따른 공식적인 기능
- 분업화에 의거한 기능
- 법과 규칙에 따른 책임 엄격화
- 계층제의 원리
- 행정은 문서화된 기록에 입각
- 전문적인 훈련 강조

초점: 관료제

키워드는 관료제라고 할 수 있다. 웨버는 관료제야말로 최고의 합리성을 갖는다고 주장했다. 그는 산업화 이후 변화된 사회구조에서는 조직의 모든 사람이 전문화된 기술과 지식에 의해 임용되고 승진되며, 엄격한 규칙과 규율의 통제를 받으면서 분업화된 자기 직무를 함으로써 최고의 능률을 올릴 수 있는 조직, 즉 근대적 관료제가 가장 합리적인 조직이라고 생각한 것이다.

이제, 산업화와 근대화가 웨버시대에 관료제라는 조직형태를 낳았다면, 최근 정보화와 지식화는 어떤 형태의 조직을 요구하고 있을까도 한번 생각해 볼 필요가 있을 것 같다. 지식정보화가 진행되면서 정보기술이 발달하고, 의사결정의 속도가 매우 빠르게 요구되는 현대사회에서도 관료제는 최고의 합리성을 가질까? 관료제의 장점은 안정성과 규칙성인데 빠른 시장의 변화, 빠른 속도가 요구되는 현대조직에서도 관료제는 강점으로 작용할 수 있을까? 최근에는 관료제 대신에 임시조직, 팀 조직, 네트워크 조직, 프로세스 조직, 매트릭스 조직 등 다양한 조직형태들이 등장하고 있다는 점도 주목할 필요가 있겠다.

웨버의 생애사

막스 웨버M.weber는 1864년 독일 에르푸르트 시에서 장남으로 태어났다. 웨버의 아버지는 독일 의회 의원이었고 어머니는 독실한 개신교인이었다. 웨버의 유년기는 교양 있는 부르주아 가문의 환경 속에서 아버지의 세속적인 권위주의와 어머니의 청교도적 애정 사이  에서 갈등하던 시절이었으며, 이는 그의 심성에 결정적인 영향을 미쳤다. 웨버는 5살 때 수도 베를린으로 이사해서, 하이델베르크 법과대학에 입학하게 되었다. 당시 독일 청년들에게는 칼을 들고 결투하는 결투 클럽이 귀족적이고 남성다운 명예의 상징으로 유행하였다. 하이델베르크 시절 웨버는 강한 모습의 아버지와 같은 사람이 되고자 노력했다. 웨버의 얼굴에 난 흉터는 이때 생긴 상처로 인한 것이며, 이 시절 웨버는 그것을 자랑스럽게 여겼다.

학문적 진전이 무르익던 시기, 웨버는 성직자처럼 엄격하고 금욕적인 원칙에 따라 생활했다. 1892년에는 베를린대학 강사로 임용되었으며, 1893년에는 사촌인 마리안느 슈니트거와 결혼했다. 1894년 프라이부르크대학 경제학 교수로 임용되었다. 당시에는 사회학과가 설치되지 않았기 때문에 웨버는 경제학 교수로 부임하게 된 것이다. 그의 교수취임 강연인 "민족국가와 경제정책"은 그를 유명하게 만들었다. 2년도 채 지나지 않은 1896년 웨버는 하이델베르크대학 경제학 교수로 옮기게 되었다.

1904년이 되어서야 그는 『사회과학지』를 편집하고 『프로테스탄트 윤리와 자본주의 정신』을 완성하는 등 지적 활력을 회복하게 되었다. 특히 1904년 웨버는 미국 여행에서 크나큰 감명을 받았다. 미국 자본주의 출현에 있어서 개신교 종파가 행한 역할, 정치기구, 관료제 등은 그에게 상당히 인상적이었으며, 이는 이후 그의 종교사회학 연구에 큰 영향을 미쳤다. 1906년에는 러시아 혁명에 대한 연구를 실시했고, 1908년과 1909년에는 산업노동과 공장 노동자들에 대한 사회심리학적인 연구를 실시했다. 결국 1910년에 이르면 테니스, 짐멜 등의 사회학자들과 더불어 '독일사회학회'를 창립하기에 이른다. 이 시기 웨버의 집은 독일 지식인들의 살아있는 토론 및 교제 장소였다.

한마디로, 막스 웨버는 과학과 법률, 사회학, 정치학 등 거의 전 분야를 망라하는 하나의 거대한 패러다임을 제시한 거장이다. 웨버의 관심 분야는 인문, 사회과학의 여러 분야에 걸치고 있다. 요즘말로 하면 멀티플레이어라 볼 수 있겠다. 그는 마르크스, 스펜서, 뒤르켐, 꽁뜨와는 달리 사회학자는 개인의 감정과 사상에 관심을 가져 연구해야 한다고 했고, 이해Understanding의 방법을 제안했다. 이와 함께 웨버는 어떤 현상의 가장 본질적인 부분을 추출한 서술을 이념형Ideal type이라고 하였는데, 이것은 사회 현상의 탐구에 커다란 공헌을 한 것으로 평가받고 있다.

미국 행정학의 아버지, 월슨W. Wilson 이야기

월슨의 고민: 행정의 본질을 무엇으로 볼 것인가?

월슨Woodrow Wilson은 미국 행정학의 아버지라고 불린다. 그가 쓴 1887년의 『행정의 연구』에서는 행정 영역을 정치에서 독립시켜 행정부 공무원은 정치적 입김으로부터 중립을 지켜야 한다는 점을 강조했다. 이는 미국 최초로 현대적인 행정이론을 선보인 것으로 평가받으며, 월슨을 '행정학의 아버지'라고 부른다.

당시는 1829년 잭슨A. Jackson이 7대 대통령으로 당선되면서, 선거전에서 승리한 정당이 관직을 모두 차지하는 소위 엽관주의3)가 팽배한 시기였다. 엽관주의 아래서 충원되는 관료들은 정당 소속의 정치인들이었다. 행정의 전문성이나 효율성과는 거리가 멀 수밖에 없었다.

하지만 19세기 후반에 들어오면서 급속한 산업화와 함께 자연스럽게 비대하고 복잡해진 정부운영은 엽관제적 구조만으로는 감당하기 어려워졌다. 그 이전의 단순한 정부운영하에서는 정치적 충성심만으로도 행정이 가능했지만, 복잡하고 비대해진 정부가 되면서 행정운영이 쉽지 않아진 셈이다. 게다가 엽관주의는 단순히 비효율성에만 그친 것이 아니라 관료들의 부정과 부패까지도 양산하게 되었다.

그렇다면 엽관주의의 폐해를 극복할 수 있는 행정원리는 무엇일까?

따라서 윌슨은 엽관주의의 폐해를 극복할 수 있는 방안에 대한 고민을 하게 되었다. 이 밖에도 윌슨은 평소 정치적인 관심을 유지하면서 어떻게 하는 것이 더 민주적인지, 혹은 자신의 이상과 맞는지에 대한 고민을 많이 했다.

어떠한 방식으로 정책을 결정하는 것이 민주적일까?
미국은 어떤 방식으로 정책결정을 하고 있는가?
좀 더 민주적인 정부운영 사례로는 무엇이 있을까?

윌슨은 정부의 기능이 복잡하고 어려워지면서 동시에 정부의 기능이 수적으로도 증가하는 상황에서, 행정은 어느 곳에서든 손을 뻗쳐 새로운 기능을 하고 있다는 것을 새삼 느꼈다Administration is everywhere putting its hands to new undertakings. 아마 학문적으로 많은 고민이 있었을 것이다. 구체적으로 다음과 같은 사항들을 숙고하였다.

행정은 정부의 가장 명확한 부분인데, 왜 이제야 고민하게 된 것일까?
이렇게 복잡한 사회를 어떻게 관리하고 이끌어가야 할까?
행정의 본질은 무엇이며, 행정은 정치와 어떤 관계인가?
행정을 정치의 부속품으로 볼 수 있는가?

대안: 정치로부터 행정을 독립시키자

월슨은 1887년 『행정의 연구』The Study of Administration에서 이러한 고민들을 토로하고 있다. "국가란 바로 행정의 양심이다"The idea of the state is the conscience of administration라는 이야기까지 할 정도였으니 행정의 중요성과 독립성에 대해 공개적으로 천명했다고 할 수 있다.

월슨이 주장한 행정학의 중요성과 독립성에 대해 먼저 알아보자.

첫째, 19세기 말엽의 미국 정부는 그 이전과는 비교도 안 될 정도로 규모가 커졌고 복잡하며, 어려운 업무를 담당할 수밖에 없었다. 남북전쟁 이후부터 시작된 미국경제의 고도성장이 1880년대까지 지속되어 과거의 농업사회가 산업화된 도시사회로 변모하게 되었다. 이에 따라 도시에 필요한 상하수도, 도로건설 등 공공사업이 폭발적으로 증가되었다. 우편사업, 전보사업만 아니라 남북전쟁 이후에 본격화된 대륙횡단철도의 부설과 이에 따른 규제활동 등 행정업무가 급격하게 증가하였다. 그야말로 행정이 양적으로 팽창, 질적으로 심화된 것이다. 그러나 이런 새롭고 어려운 문제들을 해결할 수 있는 조직, 인사, 재무와 같은 이론들이 그 당시엔 거의 없었다. 따라서 새로운 환경의 변화에 따라 행정학의 중요성이 증대된 것이다.

둘째, 당시의 행정은 새로운 도전에도 불구하고 여전히 과거의 행태를 반복하고 있었는데, 앞서 언급한 잭슨 민주주의에 따라 행정 직위는 선거에서 승리한 자들의 '싹쓸이'가 되어버렸다. 한마디로 전문성이 없는 관료들이 복잡하고 까다로운 문제를 담당하게 되어 행정의 무능이 극에 달했던 것이다. 능률적인 행정은 고사하고 당면한 문제조차 제대로 대응하지 못했다.

셋째, 정경유착과 보스 중심의 타락한 정당정치 때문에 정치적 부패가 극심하여, 이것이 행정무능과 행정부패를 심화시키고 있었다. 당시 고도 경제성장을 주도했던 대륙횡단철도 부설을 계기로 이러한 사업이 전국 곳곳에서 추진되고 있었고, 그 과정에서 특정업체에 특혜를 주는 행태가 만연하고 있었다. 대기업들은 모두 행정부 및 정치와 결탁을 하여, 특혜를 받고 그 대가로 뇌물을 바쳤던 것이다. 선거에서 승리하면 공직뿐만 아니라 엄청난 돈을 차지할 수 있었음을 시대적으로도 알 수 있게 해준다.

이상에서 보듯이 새로운 행정업무를 효율적으로 추진하지 못하고 행정이 부패하고 무능하게 된 가장 핵심적인 원인은 부패한 정당정치가 행정에 깊이 개입하고 있다는 점이었다. 이를 개혁하고자 하는 시민운동이 전국적으로 추진되었는데, 이를 '진보주의 운동'Progressive Movement이라고 한다. 진보주의 운동은 바로 엽관주의의 문제를 해소하기 위해 전개되었다고 볼 수 있다.

진보주의자들은 미국이 처한 민주주의의 위기를 극복하기 위한 방법의 하나로서 정치와 행정의 분리, 일반 시민의 정치참여 확대, 정치제도 개혁, 행정관리기법의 개혁, 관리의 전문성 등을 강조하였다. 이와 같은 진보주의 운동의 결과의 하나가 바로 펜들턴법Pendleton, 1883의 제정이었다. 이 공무원법을 통하여 행정의 정치적 중립성, 실적주의 인사제도, 공무원 시험제도 등이 도입되었다. 윌슨도 바로 이와 같은 진보주의 운동에 참여하였던 대표적인 인사 중 한 명이었다.

쉬어가는 코너 — 행정학의 아버지, 윌슨과 우리나라 3·1운동

윌슨 대통령은 우리나라 3·1운동에 영향을 준 '민족자결주의'를 통해 세계평화에 기여한 인물이기도 하다. 제1차 세계대전이 독일 측 패배로 종전된 후, 승전국인 영국, 프랑스, 미국 등은 새로운 국제질서를 수립하고자 프랑스 파리에 모여서 평화회의를 열게 된다. 이 자리에서 회의에 참석한 국가들은 윌슨 대통령이 주창한 '14개 조항'을 수용한다. 윌슨의 '14개 조항'을 살펴보면, 그 주요 골자는 (1) 민족자결주의, (2) 비밀외교 타파와 공해公海에서의 자유 강조, (3) 법에 의한 통치, (4) 국제연맹 창설 등으로 요약될 수 있다. 특히 약소민족의 독립이나 점령지역의 반환에 관련된 내용이 다수의 조항을 차지하고 있었다. 당시에는 그 결과로 러시아의 영토였던 발트 해 연안 지역과 패전국인 오스트리아와 독일 제국 영토의 상당 부분이 여러 신생 국가로 나누어지는 등 약소민족들에게 큰 희망과 용기를 준 선언이기도 하다. 우리나라의 3·1운동도 윌슨의 민족자결주의에서 용기를 입은 것이라고 볼 수 있다. 이처럼, 행정학의 창시자가 우리나라의 독립운동에 희망과 영감을 주었다는 인연因緣은 신기하지 않은가?

윌슨은 행정의 본질을 무엇으로 볼 것인지에 대해 숙고했다. 이 질문은 행정이 본질적으로 관리의 영역인가 정치의 영역인가 하는 문제로 바꿔서 생각해 볼 수 있다. 윌슨은 행정Administration의 본질을 '관리'Management로 파악해서 정치의 영역과 구분하고자 했다 The field of administration is a field of business. 즉 행정을 관리와 경영의 영역으로 규정한 것이다. 윌슨에게 행정연구Administration는 정부 Government가 무엇을 잘, 그리고 성공적으로 할 수 있는지를 연구하는 것이며, 또한 어떻게 하면 정부Government가 돈과 비용을 덜 들이면서 효율적으로 정부가 해야 할 일을 잘 해낼 수 있을까를 규명하는 것이었다.

윌슨은 정치와 행정의 분리 필요성을 명료하게 제시함으로써 행정학 연구의 개념적 기초를 제공하고자 했다. 또한 행정학이 정치학으로부터 독립하여 분과학문으로서 발전할 수 있는 기초를 다지는 데 공헌하였다. 특정한 학문이 독자적인 영역으로 인정받기 위해서는 인접한 학문들과 차별성을 보여 줄 수 있어야 하는데, 윌슨이 주장하는 효율성이나 전문성 등의 개념은 정치학에서 강조하는 민주성이나 정치성 등과는 차별화되는 것이었다.

초점: 행정의 독립성, 정치행정이원론

키워드는 '정치행정이원론'이다. 정치행정이원론政治行政二元論이란 행정을 정치와 구별되는 관리 기술로 인식한다. 행정을 정치와 무

관한 관리 또는 기술로 인식하기 때문에 행정과 경영을 동일시하는 경향이 있다는 지적을 받기도 하지만, 정치행정이원론은 정치로부터 행정의 독자성 및 자율성을 강조하고 있다는 점을 주목할 필요가 있다. 따라서 이는 행정학 학문의 독립성을 가져왔다는 점에서 학술적으로 평가받고 있다.

윌슨의 생애사

1856년, 버지니아 주에서 태어난 윌슨Thomas Woodrow Wilson은 이듬해 미국 남부의 조지아 주로 이주해 남북전쟁이 끝날 때까지 조지아 주에서 청소년기를 보냈다. 남북전쟁이 발발하자 그의 아버지는 전쟁터에서 군인들을 위한 목사활  동을 했고 어머니는 간호 일을 도왔다. 이 경험이 어린 윌슨으로 하여금 평화에 대한 강한 이상을 심어줬다고 볼 수 있다. 또한, 윌슨의 아버지는 대단한 웅변실력을 갖춘 인물이었다. 그래서 윌슨은 어린 시절부터 웅변웅변의 기술에 대한 교육을 받았다고 한다. 그의 웅변실력은 후에 정치계에서 큰 도움이 되었다.

윌슨은 프린스턴대학을 졸업하자 정치인이 될 것을 결심하고, 1879년 버지니아대학교에 들어가 법학을 전공한다. 그는 프린스턴대학교, 버지니아대학교에 이어 존스홉킨스대학교 대학원에서 법학·정치학을 공부하고, 1886년 박사학위를 받았다. 박사학위 논문으로 1885년에 펴낸 『의회정부론』은 입법부와 행정부를 분리한 미국 정부의 특징을 잘 짚어내었고, 1887년의『행정론』에서는 행정 영역을 정치에서 독립시켜 정치적으로 중립인 공무원이 실적에 따라 임용, 승진하도록 한다는 계획을 제시했다. 이는 미국 최초로 현대적인 행정이론을 선보인 것이었으며, 윌슨은 이로써 '행정학의 시조'로 평가받게 되었다.

윌슨은 브린마대학에서 1888년까지 근무하고 1888년 코네티컷 주의 웨슬리언대학교로 옮겼다가, 1890년 그의 모교인 프린스턴대학교의 교수가 된다. 그는 이 세 학교에 근무하던 16년 동안 여러 권의 책과 많은 논문을 저술하였다.

프린스턴대학의 총장

1902년 윌슨은 재단의 만장일치로 프린스턴대학의 총장으로 선임되었다. 기독교 계통의 프린스턴대학은 과거 목사가 총장을 역임했는데 목사 출신이 아닌 사람으로 총장이 된 것은 윌슨이 처음이었다. 윌슨은 총장으로 취임하면서 프린스턴대학을 교육과 학문의 위대한 전당으로 만들겠다고 선언하였다. 그는 먼저 당시 프린스턴이 전통적인 명문으로 인정받고 있는 하버드와 예일, 그리고 신흥 학교인 시카고대학과 존스 홉킨스대학에 비해 뒤떨어진 이유가 대학의 보수적이고 안일한 자세에 있다고 보았다. 그래서 이들 대학을 능가하려면 대학 제도를 개혁하고 교과 내용을 바꾸는 한편 훌륭한 교수를 충원하고 새로운 시설을 확충해야 한다고 판단했다.

윌슨이 3년 동안 프린스턴대학 총장으로서 이룩한 대학 제도 개혁의 내용은 후일 미국 대학 교육의 모델이 되었다. 여기서 주목되는 것은 윌슨이 교수 회의를 중심으로 대학을 운영하려 했다는 점이다.

교수 회의에서 대학 운영의 전반적 사안들을 토론하고 교육 개혁 위원회를 설립하여 이 위원회가 중심이 되어 대학의 교과 과정을 결정했다. 이 개혁으로 대학의 교과 과정을 전문 분야에 따라 수립하는 현대적인 제도가 수립되었다.

정계로의 진출

1910년에는 미국 민주당에서 뉴저지 주지사 후보로 추천받았다. 윌슨은 전 당원이 직접 참여하는 예비 선거, 국민이 직접 상원 의원을 선출하는 직접 선거, 공공요금의 책정을 공정 거래 위원회에서 결정하는 것 등의 개혁 정책을 내세웠다. 윌슨의 개혁 약속은 주민들에게 신선하게 받아들여졌고 공화당 후보는 분열되어 출마하는 바람에 윌슨은 무난하게 뉴저지 주지사로 당선되었다. 주지사에 취임한 후 윌슨은 서민들의 입장을 대변하는 주지사가 될 것을 결심했다. 그래서 그는 초당파적으로 민주당, 공화당을 가리지 않고 서민들과 밀착되어 있던 진보파들과 주 정부의 정책 수립에 관해서 자주 의논하였다. 윌슨의 첫 과제는 주의 공직자를 당원들의 선거를 통하여 선출하는 개혁안을 주 의회에서 통과시키는 것이었다. 사실 이 안은 부패를 척결할 수 있는 첫 관문이기도 했는데, 그는 주민들의 여론을 배경으로 이 법안을 통과시키는 데 성공하였다. 그리고 이어서 부패 금지법, 부패한 관리의 소환법, 군 정부의 개선안 등 주 정부를 개혁하는 많은 법안을 입안하여 주 의회에서 통과시켰다. 이렇게 정치 개혁에 힘을 쏟자 1911년 5월에 이르러서는 뉴저지 주가 전국에서 정부의 개혁 모델이 되었다.

미국의 제28대 대통령

　정치에서 인기가 급상승 중이었던 그는 급기야 1912년 갑작스럽게 민주당의 대통령 후보에 오른 혜성 같은 존재가 되었다. 윌슨은 남북 전쟁 이후 미국의 대통령에 당선된 첫 남부 출신 대통령이기도 하다. "유럽의 문제에 관여하지 마라"라는 조지 워싱턴의 고립주의를 버리고, 유럽의 문제에 본격적으로 관여하기 시작한 첫 번째 미국의 대통령이다. 미국은 유럽에서 전쟁이 시작된 지 3년 후인 1917년 4월에 제1차 세계대전에 참전했다. 그의 외교 정책은 19세기까지 국제 정치를 지배하던 "힘의 균형" 원리에 대립되는 도덕주의와 이상주의를 내세웠으며, 이런 이념을 바탕으로 독일에 대해 연합국의 도덕적 명분과 이상을 내세웠다. 윌슨은 참전이 단순히 미국과 독일의 이해관계나 양국 국민의 감정적인 대결의 결과가 아니라 세계사적 조류에 대항해서 그것을 바로잡는 선지자적 사명감 때문이라고 했다. 이러한 원칙은 전쟁을 마무리하는 과정에서도 그대로 재현되었다. 윌슨은 '승리 없는 평화'를 내걸었고, 그 전제 조건으로 유명한 '14개 조항' 원칙4)을 내세웠다. 이 원칙에서 윌슨은 투명하고, 자유로우며, 공정한 국가 간의 교류 원칙을 내세웠으며, 이러한 원칙을 성사시킬 항구적인 국제연맹 창설을 주창했다. 국제연맹도 윌슨의 이런 정치적 신념에 기초한 것이었지만, 다시 고립주의 전통으로 복귀를 결정한 미국 의회가 국제연맹 조약 비준을 거부함으로써 좌절되었다. 윌슨은 국제연맹 참가의 당위성을 설명하기 위해 전국을 다니며 강연을 다니는 등 자신의 목숨이 다하는 최후의 순간까지 정치적 이상과 고귀한 목적에 생애를 바쳤다.

과학적 관리법의 개발자, 테일러F.W. Taylor 이야기

테일러의 고민: 행정관리의 과학화를 위한 방안은 없을까?

테일러F.W. Taylor는 과학적 관리법을 창시한 학자다. 그는 1911 년 자신의 경영 경험을 토대로 『과학적 관리법』The Principles of Scientific Management을 발표했다. 과학적 관리법의 개발은 다음과 같은 에피소드에서 유래된다. 그가 작업조장으로 임명되었을 때 일이다. 그는 작업현장에서 노동자들이 날마다 일일 작업량을 최대한 많이 달성하기 위해 적극적으로 노력해야 최대번영을 누릴 수 있을 텐데 그러지 못하는 이유가 무엇일까 생각해 보았다.

그는 이런 현상의 원인을 3가지로 보았다.

첫째, 노동자들이 오랫동안 보편적으로 믿어왔던 잘못된 신념이 원인이 었다. 그 신념이란 산업현장에서 개별 노동자나 개별 기계의 실질적인 생산량이 늘게 되면 결국에는 노동자들의 대량 실직이 일어나리라는 것이었다.

둘째, 산업현장에 널리 퍼져 있는 불완전한 관리 시스템이었다. 이런 시스템 아래에서 노동자들은 자신의 잇속만을 차리기 위해 근무를 태만히 하거나 느릿느릿하게 일하게 되는 현상이다.

셋째, 모든 산업계에서 비능률적인 주먹구구식 방법이 만연해 있었다는 점이다. 노동자들이 불필요한 곳에 힘을 쏟고 있는 경우도 많았던 것이다.

그의 관리자 경험으로도 노동자들에게 강제적인 압력으로 생산량을 늘리고자 한 적이 있었다. 하지만 이 때문에 그와 그의 부하인 노동자들 사이만 안 좋아지는 결과를 낳게 되었다. 테일러는 이런 주먹구구식 시스템으로는 안 되겠다는 생각에 이 일을 심사숙고해 보았다.

그는 그러한 대립의 원인을 노동자의 하루 작업량을 무시한 채 강압에 의해 생산량을 확보하려는 잘못된 경영 자세에 있다고 보았다. 그럼 경영자가 노동자의 정확한 1일 작업량을 알 수 있다면 그것에 근거하여 마찰 없이 합리적으로 최대의 생산량을 얻어낼 수 있지 않을까? 이렇게 등장하게 된 것이 그의 과학적 관리법이다.

그는 구체적으로 다음과 같은 문제들을 숙고하기 시작했다.

제품의 생산속도를 높이기 위해서는 어떻게 해야 하지? 노동자들의 근무태만의 근본적인 원인은 무엇에 있을까? 그리고 그것을 해결하기 위한 최선의 대안은 무엇일까? 그리고 그러한 대안은 노동자와 경영자 모두를 만족시킬 수 있을까?

대안: 시간연구Time study, 동작연구Motion study를 통해 생산관리를
고도화하자

테일러는 이러한 고민에 대한 해답을 과학적 관리법에서 찾
고자 했다. 그는 1911년 『과학적 관리법』The Principles of Scientific
Management이라는 저술을 발표하는데, 이 과학적 관리법은 조직에
서 일상적으로 행해지는 작업의 흐름을 과학적으로 접근하여 생
산성을 향상시키는 원리를 정립한 것이다.

'경영학의 아버지'로도 불리는 테일러는 산업혁명 이후 공장생
산에서 주먹구구식으로 이루어지는 관행을 타파하고, 작업현장을
과학적으로 관리해야 한다는 논리를 펼쳤다. '시간연구'와 '동작연
구'를 바탕으로 작업에 소요되는 시간을 체계적으로 정립하여 생
산 효율성을 높이는 기본원리를 제시하였는데, 이러한 그의 업적
은 '테일러리즘'으로 높게 평가받았다. 과학적 분업 시스템을 도
입하고 과학적인 작업 방식을 정립한 테일러리즘은 막스 웨버의
관료제와 더불어 고전적 조직관리의 기본 원리로 평가받고 있다.
테일러가 규정한 과학적 관리법의 기본원리는 다음과 같다.

첫째, 노동자의 개별적인 과업은 과학적 분석에 의하여 설계되어야 하
고 과업수행에 관하여 유일한 최고의 방법이 규정되어야 한다는
것이다. 이에 테일러는 시간연구와 동작연구를 통해 근로자의 표
준과업량(표준생산량)을 설정하고, 그에 따라 과업수행에 관한

유일 최고의 방법을 규정함으로써 과업내용·설계 및 과업수행방법 결정의 과학화를 이루고자 했다. 또한 할당한 과업의 달성도에 따라 임금의 고하를 연계시키는 임금결정체계를 개발함으로써 고의적인 태업을 막고자 하였다.

둘째, 이렇게 과학적으로 설계된 과업을 원활하게 수행하기 위해서는 근로자들을 과학적인 방법으로 선발하고 훈련시켜야 한다는 것이다.

셋째, 과학적으로 설계된 과업과 과학적으로 선발되고 훈련된 노동자를 적절하게 결합시켜야 한다는 것이다. 한마디로 노동자들을 정신적, 육체적으로 가장 적합한 과업에 배치하여야 한다고 보았다.

넷째, 작업현장의 조직을 철저하게 기능직 조직으로 전환하여 관리자와 노동자가 적절하게 일을 분담하고 과업의 과학적 수행을 위해 서로 협력해야 한다는 것이다. 결국 노사가 우호적으로 협력할 때 조직의 생산성은 극대화된다고 보았다. 그리고 노사 양측이 함께 협력하여 산출된 이익은 공평하게 분배해야 한다는 것을 주장했다.

테일러의 과학적 관리법은 직무를 전문화하고 일의 능률성을 극대화시키는 효율적인 관리방법으로 평가받고 있다. 더 나아가 성과급제도, 시간연구·동작연구를 통한 직무에 대한 연구, 과학적인 선발과 훈련 등은 현대 인사 및 조직관리 분야의 발전에 기여한 것으로 평가된다.

테일러와 한비자

테일러의 과학적 관리법에 대한 내용을 한비자의 사상과 비교해 보는 것
도 재미있을 것 같다. 한비자는 중국 춘추전국시대 제자백가 중 법치를
중시했던 사상가였다. 한비자는 '하인이 열심히 일하는 것은 보수를 받기
때문이고, 주인은 하인이 열심히 일하도록 하기 위해 그에게 친절히 대
하는 것'이라고 생각했다. 이런 생각은 이해관계에 따라 사람들의 행동이
변하게 되는 다소 비인간적인 면을 의미하는 것이다. 한비자는 테일러와
마찬가지로 '인간은 물질적인 이해관계에 따라 행동한다'는 현실주의적
인간관인간관 X을 가지고 있었던 것 같다. 다만 테일러는 여기서 생각을
멈추지 않았다. 어떻게 효율적인 작업과정을 만들어서 생산량을 늘리고
근로자의 임금도 공정하게 받게 할 수 있을까를 고민하는 한편, 노사가
진정으로 협력하여 상생하는 철학을 갖고 있었다. 테일러하면 물질적 보
상과 인간관 X를 생각하게 되지만, 노동자의 실질적 복지를 향상시키려
는 테일러의 조직인간주의적 노력도 꼭 기억해 줬으면 한다.

초점: 과학적 관리|Scientific Management

키워드는 과학적 관리이다. 과학적 관리법은 경영 분야뿐만 아
니라 행정관리 분야에 있어서도 능률성과 합리성을 증대시켰으
며, 절약을 도모하고 비용을 절감시킴으로써 정치행정이원론의
실천적인 토대가 되는 등 행정학이 발전하는 데 큰 기여를 했다.
　과학적 관리법의 목표는 경영자가 낮은 비용을 들이면서 노동
자를 위한 높은 임금을 유지할 수 있도록 하는 것에 있었다. 테일

러는 경제적이고도 물질적인 것을 우선 요인으로 삼아 작업이 이루어지는 과정을 과학적인 방법을 통해 연구·분석하였다.

그에 따라 테일러의 이론은 물질적 보상을 우선시하고, 인간적 측면을 간과했다는 비판을 받기도 하지만, 기업경영의 합리화와 행정관리의 합리화에 많이 기여한 고전적 조직관리로 평가받고 있다.

테일러의 생애사

테일러F.W.Taylor는 1856년 3월 20일 미국 펜실베이니아 주Pennsylvania의 필라델피아Philadelphia에서 태어났다. 테일러는 부유한 가정에서 태어나 명문 사립고교 필립엑스터를 거쳐 법률가를 희망하여 하버드 법과대학에 지원하여 우등생으로 합격하였으나, 안질眼疾로 시력이 나빠져서 법과대학을 포기하고

18세가 되던 1874년부터 필라델피아 수력공사에서 4년간 기계 견습공으로 일을 배우게 된다.

그 후 그가 22세가 되던 1878년부터 12년간 미드베일 제강소에서 근무하면서 이 기간 중 스티븐스 공과대학에서 기계공학을 공부하고 결혼하게 된다. 미드베일 제강소에 근무하면서 테일러는 노동자들의 생산성이 형편없게 낮은 것을 보고 이는 노동자들의 잘못이 아니라

비과학적인 경영 때문이라는 것을 알게 되었다. 노동자들의 직무분석이 부실하여 성과급제도의 표준이 부적절하다고 생각하였고, 노동자들의 생산량이 증대하여 너무 많은 보수를 받게 될 때에는 고용주가 일방적으로 임금률을 절하하는 관행이 보편화되었으며, 노동자들은 자신이 알고 있는 간편한 작업방법을 숨길 뿐 아니라 조직적으로 태업을 벌이는 등 좋지 않은 상황들이 만연하고 있었다는 것을 알았다.

이러한 문제의 해결을 위해 테일러는 먼저 1일의 과업Task, 즉 표준작업량을 과학적으로 결정함으로써 임금률 결정의 합리적 근거를 마련하고 일방적인 임금률 인하 및 조직적 태업의 불씨를 제거하고자 하였다. 1일 공정 작업량인 과업을 결정하기 위해 테일러는 작업방법 및 작업조건을 표준화하고, 초시계Stop watch를 이용해 노동자의 작업시간을 일일이 재기 시작했는데, 이것이 오늘날 우리가 사용하는 표준시간의 모태가 된다.

1911년 그는 자신의 경험을 총괄하여 『과학적 관리법』The Principles of Scientific Management을 발표하게 된다. 이 저서에서 그는 다음과 같은 과학적 관리법의 기본 철학 4가지를 말한다. 테일러의 성과는 작업 그 자체도 분석의 대상이 될 수 있었다는 점을 보여 주었다. 정확한 작업방법과 사용하는 도구나 설비를 정하고, 규정된 작업방법에 따라 작업을 할 수 있도록 노동자를 훈련시키는 것 등과 같은 "작업의 과학화"가 테일러에 의해 시작되었기 때문에 오늘날 테일러는 '경영학의 아버지'라고도 지칭된다. 테일러의 경영철학Taylorism은 작업의 과학화를 통해 생산성 향상을 이룩하고, '고 임금 저 노무비'High wages and low labor cost를 실현하여 근로자와 사용자 모두의 번영을 추구하는 것이었다.

하지만 안타깝게도 과학적 관리법의 기본 철학은 잊어버리고 기법만 습득한 기술자들에게 테일러는 실망하게 되고, 59세의 생일을 보낸 그 다음날인 1915년 3월 21일 강의를 끝내고 돌아오는 열차 안에서 폐렴으로 세상을 마감하였다.

CHAPTER

II

행정학의 변동기:
행정연구의 과학화와 비교연구

불굴의 삶을 살았던 루즈벨트(Franklin Delano Roosevelt) 이야기

정치행정일원론의 효시, 애플비(Paul Appleby) 이야기

행정과학의 창도자, 사이먼(H. Simon) 이야기

발전행정론의 항해사, 와이드너(Edward W. Weidner) 이야기

비교행정이론의 선구자, 리그스(F. Riggs) 이야기

Chapter Ⅱ
행정학의 변동기: 행정연구의 과학화와 비교연구

불굴의 삶을 살았던 루즈벨트Franklin Delano Roosevelt 이야기

루즈벨트의 고민: 세계적인 대공황, 이 난국을 어떻게 해야 하나?

루즈벨트Franklin D. Roosevelt가 대통령으로서 이끌어나가야 했던 1930년대의 미국은 불안과 걱정에 휩싸여 있었다. 모든 사람이 극심한 고통을 겪고 있었고, 자원은 물론 인내심까지 한계에 치달은 상태였다. 농민들은 중서부 지방의 도로를 봉쇄했고, 참전용사들이 워싱턴에서 군대와 대치할 만큼 소요와 폭동의 상황이 심각했다. 국민에게 두려움을 경계하라고 권고했던 루즈벨트는 첫 임기의 상당 기간을 불황의 그늘 속에서 국정을 운영하게 될 상황이었다. 그래서 더욱 루즈벨트의 고민은 커져만 갔다.

세계적인 대공황, 이 난국에 뭘 해야 하고, 어떻게 해야 하나? 실업을 극복하는 방법에는 무엇이 있을까? 금융기관의 연쇄도산을 막기 위한 방법은 무엇일까? 지금까지의 균형재정정책은 적절한 것일까? 적자재정이 미국 경제에 악영향을 끼치진 않을까? 정부의 시장경제 개입은 어느 정도까지가 적절한 것일까? 일련의 정책 효과성을 높이는 방법에는 무엇이 있을까? 국민들의 막연한 두려움을 해소하는 방안은 무엇일까?

국민들에게 담대한 지도력과 단호한 행동을 보여 주겠다고 약속했는데, 이 어려움을 슬기롭게 극복하기 위해서는 무엇을 해야 할까? 아니, '무엇을 해야 하는지'는 이미 알고 있다. 침체되어 있는 경기를 되살리고 실의에 빠져 있는 국민들에게 일자리를 제공함으로써 국민들이 걱정 없이 살 수 있도록 해주는 것이지. 내가 고민해야 할 것은 '어떻게 해야 하나'의 문제다.

그래, 불안에 떠는 국민들을 안심시키기 위해서 리더의 불굴의 자세가 필요해. 매주 노변정담Fireside chat이라도 해서 국민들에게 믿음을 주어야겠다. 그리고 경제를 회복하기 위해서는 무엇보다 실의에 빠져 있는 실업자들을 구호해야 한다. 1,200만 명이나 되는 실업자들에게 전부 일자리를 제공할 수 없지만 최소한 일부에게라도 일자리를 지원해 줌으로써 미국의 자생력을 회복시켜야겠다.

대안: 뉴딜정책을 통해 실업에 빠진 국민에게 자신감을 불어넣자

루즈벨트는 1930년대 대공황의 경제위기를 타개하기 위해 뉴딜정책을 추진했다. 당시 미국은 1776년 건국 이후 처음 겪는 심각한 경제위기 상황이었다. 1932년 7월 통계에 따르면, 실업률이 무려 25%에 달하였다.

루즈벨트 이전까지는 정부의 시장 개입은 시장자본주의 경제원리에 반하는 것으로 생각했다. 그것은 마치 공산국가에서나 하는 것으로 간주될 정도로 반감이 심했다. 하지만 루즈벨트는 정부의 개입을 강조하여, 자유방임주의에서 벗어나, 때론 계획경제에 의해 국가경제를 활성화시킬 필요가 있다고 보았다. 이에 따라 미국 국민을 위한 뉴딜정책을 제안한 것이다.

대통령에 취임하자마자 대대적인 구호정책을 추진했다. 실업자 구호를 위해 대규모 공공사업을 촉진하였다. 우리에게도 잘 알려진 사례는 '테네시강 유역 개발공사'이다. 이 공사를 통해 루즈벨트가 대통령으로서의 지도력을 잘 보여 줬다고 할 수 있는데, 그 이유는 우선 이 법안이 루즈벨트가 직접 고안하고 제안하고 관철시킨 것이며, 경제개발과 국가적 계획에 대한 자신의 생각을 담아 낸 것이기 때문이다. 미국사회에 대한 루즈벨트의 비전이 다른 어떤 뉴딜정책보다 확연히 나타난 사례라고 할 수 있다.

루즈벨트 대통령은 국민들로부터 신뢰받았고, 그들의 신뢰를 위해 끊임없이 노력했다는 점에서 그의 위대성은 평가받을 수 있다. 노변정담Fireside chat으로 잘 알려져 있는데, 국민들에게 국가의 현재 상황을 솔직하게 전달하고, 희망의 메시지를 지속적으로 전달하고자 노력했다. 위기상황에서 경제위기 극복, 사회정의 실현, 그리고 민주주의 수호라는 명확한 목표를 설정하고, 구성원들에게 자발적인 의지와 욕구를 끊임없이 불러일으킨 변혁적 리더십

Transformational Leadership으로 평가받을 수 있다. 바로 우리나라 정치지도자들에게 그동안 부족하다고 지적되었던 소통과 공감의 리더십이다. 위기상황에서 국민들에게 감동을 주고, 진정한 소통을 통해 국민들의 마음을 움직인 리더십이다. 이런 점에서 우리나라 지도자들도 루즈벨트에게서 많은 교훈을 얻을 수 있을 것이다.

쉬어가는 코너 **루즈벨트의 명언**

강력한 내각을 조직하고 경제공황을 극복하는 등 강한 대통령의 면모를 보였던 루즈벨트 대통령은 그의 강한 리더십을 보여 주는 명언들을 많이 남겼다. 어려운 경제환경 속에 있었던 당시의 국민들에게는 다음과 같은 말들을 했다. "나는 젊었을 때 정치에 뜻을 두고 여러 가지 쓰라린 일들을 많이 겪었다. 실패도 한두 번 한 것이 아니다. 그러나 굴하지 않고 걸어온 덕택으로 이렇게 대통령이 될 수 있었던 것이다. 생각해 보면, 내 인생은 일곱 번 넘어지고 여덟 번 일어났던 것이다." "무슨 일이 있어도 흔들지 않을 굳건한 의지만큼 용기 있는 사람을 만들어 내는 요인은 없을 것이다. 국가를 위해 큰 지도자가 되기를 원하는 젊은이는 단순히 수많은 장애를 극복하는 결심만으로는 안 된다. 헤아릴 수 없는 반대와 패배를 직면해서도 그 장애를 극복해 내려는 각오와 의지가 필요하다." 요즘처럼 청년실업과 경제 불안 등으로 어려움에 직면한 젊은 세대들에게 루즈벨트가 남긴 강한 의지와 불후의 명언은 큰 용기를 줄 수 있을 것이다.

초점: 유효수요이론과 정치행정일원론

키워드는 유효수요이론이라고 할 수 있다. 루즈벨트는 당시 영국의 경제학자였던 케인즈의 유효수요이론을 적시에 잘 도입한 것으로 평가받고 있다.

유효수요이론은 경기침체를 벗어나기 위해서는 정부개입을 통해 유효수요를 창출해야 한다고 주장하는 이론이다. 극심한 대공황 상태에서 대량실업은 총수요 부족에서 발생하고, 이러한 총수요 부족을 보완하기 위해서는 정부가 먼저 솔선수범하여 공급을 창출해야 한다는 이론이다. 즉, 정부가 공공사업을 늘리고 확대적인 시장정책을 펴서 각 개인의 구매력을 증가시키면 총수요가 증가하고, 기업의 생산이 늘어나게 됨에 따라 고용이 발생한다고 보았다. 이때 늘어난 고용은 다시 수요를 증가시키는 선순환이 일어난다고 본 것이다.

루즈벨트의 뉴딜정책 덕분에 후임 대통령들은 정부를 창의적으로 이용하는 면에서 예전보다 더 자유로울 수 있었다. 다시 말해 뉴딜정책이 트루먼의 페어딜Fair Deal: 공정 정책, 자유주의적 국내 개혁 정책, 케네디의 뉴프런티어New Frontier: 신개척자 정신, 존슨의 위대한 사회정책Great Society: 의료 증진과 빈곤 퇴치를 내세운 국내 사회복지 정책 등 정부의 적극적 역할이 가능해진 것으로 볼 수 있다.

이와 같은 정부의 적극적 개입은 행정학이론의 흐름에도 중요한 전환을 가져오게 되는데, 바로 정치행정이원론으로부터 일원론으로의 이동이었다. 앞에서 살펴본 월슨이야기에서 언급되었듯이, 월슨은 행정을 정치로부터 독립시켜야 한다고 주장하여 행정의 독립성을 천명하였다_{정치행정 이원론}. 행정의 정치로부터의 피해_{엽관주의}를 최소화하고 국가행정의 독립성과 전문성을 위해 주장한 것이지만, 시간이 흐르면서 역시 행정에서 정치적 기능을 따로 분리시킨다는 것은 이치에 맞지 않는다는 사실이 속속 드러나게 되었다.

특히 1930년대 들어 루즈벨트가 정부의 대규모 공공사업을 펼치면서 뉴딜정책에 참여한 행정학자들은 이러한 행정과 정치적 기능에 대해 재평가할 수밖에 없었다. 대표적인 학자로 애플비 P.H. Appleby, 디목 M.E. Dimock, 러너 M. Lerner와 같은 학자를 들 수 있는데, 특히 애플비는 『정책과 행정』Policy and Administration이란 저서에서 정치와 행정의 현실은 분리될 수 없으며, 행정과정에서 이루어지는 정책결정은 정치적 판단을 요한다고 주장했다.

루즈벨트의 업적에 대해서 많은 사람이 감명을 받았지만 그 누구보다도 애플비는 큰 감명을 받았던 것 같다. 애플비는 건전한 행정이 얼마나 공익을 증진시키는지에 대해 증명하고 싶었다. 그는 정치기능과 행정기능이 분리되어 있다고 보지 않았다. 관료들은 언제나 스스로 정치에 결부되어 있다고 여기면서 정치적인 책임감을 가져야 한다고 주장했다. 그래서 애플비는, 훌륭한 관료란 책임지고 있는 정부 내에 민주주의를 촉진하는 전문가라고 보았다. 본질적으로 정치적인 행정은 관료와 국민 사이의 지속적인 상호작용이라고 본 것이다. 이를 정치행정일원론이라고 한다. 애플비에 대해서는 바로 뒤에서 살펴보기로 하자.

루즈벨트의 생애사

프랭클린 델러노 루즈벨트Franklin Delano Roosevelt는 1882년 1월 30일 뉴욕 하이드 파크의 청빈하고 기품 있는 명문가의 외아들로 태어났다. 그는 어머니 사라 델러노 루즈벨트의 지극한 사랑을 받고 자랐으며 1900년 프랭클린의 나이 열일곱 살 때 아버지 제임스 루즈벨트가 세상을 떠난 뒤로는, 극성스럽다 할 수 있는 어머니를 더욱 의지하게 되었다. 아버지의 죽음은 아무 걱정 없이 보호받고 자라던 그의 상류층 생활에 처음 맞는 어려움이었다.

프랭클린 루즈벨트는 열네 살까지 여러 가정교사에게 교육을 받은 후, 1896년부터 1900년까지 매사추세츠에 있는 그라톤 스쿨에 다녔다. 상류층 자녀들이 다니는 학교였으나, 당시 그라튼 스쿨의 교장 엔디코트 피버디는 고통 받는 사람들을 위해 봉사하는 그리스도교적 실천을 강조했다. '노블리스 오블리지', 즉 부를 누리는 계층은 사회에 빚을 지고 있는 셈이며, 그 빚을 갚기 위해서 더 나은 세상으로 만들어야 할 책임이 있다는 것이다. 이 가르침은 프랭클린 루즈벨트에게 큰 영향을 미쳤다.

그라튼 스쿨을 거쳐 하버드대학으로 진학한 루즈벨트는 공부보다 교내활동에 더 관심을 쏟고 친척이자 제26대 대통령이었던 시어도어 루즈벨트의 영향을 받아 정치에 매료된다.

학창시절 5촌 친척이자 시어도어 루즈벨트의 질녀인 애너 엘리너 루즈벨트와 결혼을 하게 되며, 다섯 명의 자녀를 두게 된다. 이들의 결혼생활은 여타 부부와는 다르게 순탄치만은 않았다. 하지만 두 사람은 정서적으로, 지적으로, 정치적으로 확고한 팀을 이루었다. 엘리너는 남편에게 있는 최고의 가능성을 끌어냈고, 루즈벨트는 아내의 변화된 모습에 감탄을 보냈다. 어릴 때부터 내성적이던 엘리너는 지혜와 연민과 상식과 에너지가 풍부한 여인으로 성장했다. 그리고 일찌감치 사회 활동가로 활약하며 개발했던 그녀의 사회적 양심이 프랭클린 루즈벨트에게도 큰 영향을 미쳤다.

1910년 엘리너의 권유로 뉴욕 주 민주당 상원의원으로 입후보하면서 정치계에 발을 들이게 되며, 그의 개혁주의적 리더십은 뉴욕 주를 넘어 전국적인 지지기반을 확보하였으며, 1912년 개혁파 민주당원 우드로 윌슨Woodrow Wilson을 대통령 후보로 지지하면서 기반을 더욱 굳혀 나갔다. 하지만 1921년 8월에 그에게 소아마비라는 질병이 찾아오게 된다. 이로 인해 그의 정치적 생명은 끝나버렸다고 단정 지으며, 그의 어머니인 사라까지도 아들에게 은퇴를 권유하게 되었다.

하지만 아내인 엘리너 루즈벨트의 헌신적인 지원으로 인해 프랭클린은 더 강하게 거듭날 수 있었으며, 오히려 전보다 더 낙천적이고 정력적인 남자로 변화했다. 시련을 이겨낸 경험과 거기서 배운 교훈은 공황과 전쟁에 시달리는 나라를 훌륭하게 지도할 수 있도록 해 주었다.

1933년 3월 4일, 프랭클린 델러노 루즈벨트는 1,500만여 명의 국민이 실업 상태였던 최악의 경제 위기에서 대통령으로 취임했다. 은행 및 여타 금융기관의 파산은 국민 사이에 광범위한 공포감을 유발하였고, 이것은 더 많은 은행의 도산으로 이어졌다. 이렇게 우울하고 위험한 상황에서 루즈벨트는 현실적인 낙관주의를 발산하며 대통령에 취임하였다.

"우리가 가장 두려워해야 할 것은 바로 두려움 자체입니다. 막연하고 이유도 없고 정당하지도 않은 두려움입니다"라는 그의 취임 연설에는 진실한 울림이 있었다. 공황이 깊어지는 이때, 그저 바라보고 서 있는 것 이상의 일을 하겠노라고 리더십을 약속했기 때문이다. 그는 국민에게 말했다. "이 위기에 대처하기 위해 남아있는 하나의 도구, 비상사태와 전쟁을 벌일 수 있는 광범한 집행력, 전시에 대통령에게 주어지는 것과 같은 강력한 집행력을 의회에서 얻어내겠습니다."

뉴딜은 모든 것을 아우르는 광범위한 규모로 실시되었다. 긴급 구제조치만이 아니라, 장기적인 개혁 프로그램도 포함되어 있었다. 연방예금보험공사는 은행파산에 대한 안전장치로, 은행의 예금을 보장해 주었다.

뉴딜은 대공황을 종식시키지는 못했지만 신속한 구제, 긴급원조를 제공했고, 장기적인 희망을 심어주었다는 점에서 큰 의미가 있었다. 루즈벨트는 혁신적이고, 융통성 있고, 단호하면서도 인간적인 지도자였다. 사교적이었고 대화를 좋아했으며 뛰어난 화술까지 갖췄다. 그러한 자질을 바탕으로 잦은 기자회견과 연설, 노변담화를 통해 국민들에게 지속적으로 정보를 제공했다. 저항하기 힘든 카리스마를 지녔을 뿐만 아니라 설득력 있게 용기를 북돋는 낙천주의자로서, 가히 천재적인 지도자였다고 말할 수 있다.

정치행정일원론의 효시, 애플비(Paul Appleby) 이야기

애플비의 고민: 과연 행정기능과 정치기능은 분리될 수 있는가?

애플비P. Appleby는 미국 루즈벨트 대통령 시절에 많은 활동을 한 행정관료이자 행정학자이다. 애플비에 대해 잘 알려면 먼저 그가 어떤 일들을 하였는지 등 그의 배경에 대해서 살펴보는 것이 필요하다. 보통 사람들은 자신이 살아간 환경 속에서 그만의 고유한 가치관이 형성되고 행동방식이 드러나게 되는 법이다.

애플비는 여러 가지 다양한 경력을 지녔다. 언론인, 관료이면서 동시에 행정학자이기도 하다. 그의 인생에서 무엇보다 터닝 포인트는 1933년에 미국 루즈벨트 정부에서 그가 농무성 차관으로 임명된 것이다. 애플비가 미국 정부에서 일할 즈음에 미국의 행정에는 큰 변화가 일어나게 된다. 역사적으로 1920~30년대 제1차 세계대전과 대공황을 거치면서 미국 경제는 자유방임주의로 해결하기에는 너무나 폐해가 커져 있었고, 드디어 이때부터 정부가 사회의 문제 해결에 적극적으로 동참하게 되었다. 이때 루즈벨트가 편정책이 앞서 살펴본 그 유명한 뉴딜정책이었다.

국가의 정책 기조가 바뀌면서 정부 내에서도 새로운 흐름들이 나타나게 되었고, 애플비는 이를 자세히 눈여겨 볼 수 있었다. 이것이 실사구시實事求是를 중요시 여기는 행정학에서 그가 이후 이론과 실무를 겸비한 훌륭한 행정학자로서 자리매김하는 데 큰 기여를 하게 된다.

애플비가 목격한 당시 미국의 새로운 흐름들을 한마디로 요약하면 국가 행정부의 역할 증대였다. 이전까지 정부는 철저하게 의회와, 나아가서는 정치와 분리되어야 한다고 여겨졌고, 실제 그런 방향성을 추구해 갔다. 이를 정치행정이원론이라고 한다. 쉽게 설명하면 정책결정은 의회에서 하고 행정은 의회에서 결정한 정책들을 집행만 하면 된다는 이론이다.

초기 미국행정에서는 이것이 통했다. 이때까지만 해도 행정부의 업무는 상당히 단순했고 관계적으로도 복잡하게 얽혀 있지 않았기 때문이다. 그런데 시대가 변하였다. 국가의 개입이 증대되었고, 사회의 각종 문제를 해결하기 위해 고차원적이고 전문적인 일이 많아졌다. 따라서 사무의 처리에 있어서 각 분야에서 전문적인 행정 관료들의 역할이 자연히 증가되게 되었다. 즉 중요한 정책결정 등 정치적 판단을 행정부에서 결정하는 경우가 많아진 것이다. 이는 원래 집행만을 맡아야 될 행정부에서 실질적으로 정책까지 결정하게 되었다는 것을 의미하고, 이에 따라 이론과 현실의 괴리가 발생하게 되었다는 것이다.

애플비의 고민은 여기서 비롯되었다.

이미 행정 관료들이 정책형성을 하고 있다는 것이 곳곳에서 발견되고 있다. 그런데 그렇게 되면 기존의 정치행정이원론은 어떻게 정당화될 수 있을까?

이론은 언제나 현실을 반영해야 하지 않는가? 이를 넘어서게 되면 그 이론은 더 이상 이론으로서의 가치가 없는 것 아닌가….

문제의 근본부터 다시 생각해 볼 필요가 있겠다. 정치행정이원론의 근거는 행정과 정치가 엄밀히 다른 존재의 것들이라는 점. 그래서 둘의 기능도 달리하는 것이고…. 그런데 과연 행정과 정치가 정말로 다른 성질의 것일까?

과연 행정기능과 정치기능을 분리할 수 있는가? 정치와 행정은 모두 정치권력을 내포하고 있으며, 행정은 넓은 의미의 정치과정 속에 포함되어 있는데, 과연 행정현상과 정치현상을 분리할 수 있을까? 정책결정은 예산권, 준입법권 등 그 자체가 이미 정치적 기능을 포함하고 있는데, 과연 정책결정(행정기능)과 정치기능을 분리할 수 있을까?

지금의 정책과 행정이 혼합되는 현실을 반영할 새로운 이론이 만들어져야 한다. 정치와 행정은 별개가 아니며, 행정이 정책결정기능을 담당한다는 사실을 인정하고 이를 반영할 새 행정이론이 등장해야만 한다.

대안: 정책결정기능과 정책집행기능을 연결시키는 방법을 강구하자

애플비는 1949년 그의 저서, 『정책과 행정』Policy and Administration 에서 이러한 문제, 즉 정치와 행정에 대한 관계를 진지하게 고민하고 있다. 이러한 고민에 대한 그의 답은 현실에서 정치와 행정의 관계는 정합적, 연속적, 순환적이기 때문에 양자를 구별하는 것은 적절치 않고 결합적 관계를 형성해야 한다는 것이었다.

그는 우선 정부의 정책과 행정이 서로 혼합되어 있다는 사실에 주목하면서, 행정에 대해 정의하고 그 범위를 설정했다. 즉 행정은 정책집행은 물론, 정책 작성을 포함하는 넓은 의미로 정의하고, 많은 정책 작성이 정부의 기능 속에 중요하게 자리 잡고 있음을 고려하면 행정과 정책 혹은 행정과 정치는 분리하기 어렵다고 보았다.

〈 정책결정에서의 행정의 위치 〉

1차 위치	국민선거	정책결정
2차 위치	입법(국회) 또는 사법(법원)	
3차 위치	행정(정부: 대통령)	정책작성
4차 위치	관리	집행행위

애플비는 '행정부는 입법부와 마찬가지로 정치적인 성격의 것이며, 정책결정과 집행은 혼합작용'이라고 보았다. 그는 건강한 행정이 얼마나 공익을 증진시키는지를 웅변적으로 설명했다. 사회가 점점 복잡해지면서 일반 국민들이 공공정책에 직접적인 영향을 미치기가 불가능해졌다고 믿었고, 이러한 복잡성을 지배하기 위해서는 전문화와 전문지식이 필요하다고 보았다. 그 역할은 전문화된 정부와 관료집단이 맡아야 한다고 보았다. 물론 정치적으로 민주통제와 함께 스스로의 자율통제에 의한 책임감과 민주성을 끊임없이 확보해 나가면서 말이다. 관료집단은 그들의 개인적 이해나 특수 이익을 대변하지 않고 국민을 위해서 일하는 자

세를 가져야 한다고 생각했다. 이런 관점에서 애플비는 민주주의와 전문적 행정을 조화시키려 했다. 그는 정치기능과 행정기능이 분리되어 있다고 보지 않았다. 관료들은 언제나 스스로 정치에 결부되어 있다고 여기면서 정치적인 책임감을 가져야 한다고 주장했다. 그래서 애플비는 훌륭한 관료란 책임지는 자이며, 정부 내에 민주주의를 촉진하는 전문가라고 보았다.

이러한 애플비의 주장은 그 당시 행정이론과 현실과의 괴리를 해결하기 위해 방법을 모색한 다양한 학자들 사이에서도 가장 돋보였다는 평가를 받았다. 정치행정일원론의 확립에 큰 영향을 미치게 된 것이다.

초점: 정치행정일원론

키워드는 정치행정일원론이다. 행정이 정책형성에 참여하고 있고, 이는 이미 정치적 기능과 분리될 수 없다는 것이다. 애플비는 다음과 같이 주장했다.

행정은 정책을 작성하는 것이다. 그러나 행정은 독립적, 배타적 또는 고립적인 정책작성이 아니다. 행정은 강력한 모든 세력이 서로 경쟁하고, 그 가운데서 이루어지는 것이 정책작성이다. 행정은 국민들의 민의에 의존하여 통치를 수행하고 통제하는 여러 정치과정 가운데 하나인 것이다.

여기서 정치과정 중 하나인 행정은 민주주의의 모습이 그대로 이루어지는 느낌이 든다. 행정이론 중 한 축인 민주성이 파악되며, 라스웰이 주장한 민주주의적 정책학과 궤를 같이하는 것을 볼 수 있지 않을까 싶다.

쉬어가는 코너　애플비와 민주행정

애플비는 『위대한 민주주의』라는 저서에서 루즈벨트의 행정을 민주주의 정치에 기반을 둔 다원주의적 행정이라고 평가했다. 그는 행정은 관료와 국민사이, 정치는 정부와 국민들 간의 상호작용인 만큼 정치가들이 운영하는 기관이 전문 행정관이 운영하는 기관보다 더 효율적이라고 했다. 관료였던 애플비가 정치가에 의한 기관 운영이 왜 더 효율적이라고 했을까? 애플비가 이런 말을 남긴 것은 정치와 행정이 떨어질 수 없는 관계에 있고 국민들의 의사를 반영하는 것은 정치이기 때문에, 정치에 의한 가치판단이 민주주의 행정을 구현하는 데 필요하다는 것을 강조하기 위해서였다. 최근 우리나라 정책의 화두가 되고 있는 복지국가와 경제민주화 역시 루즈벨트 대통령의 위민爲民행정의 관점과 일맥상통하는 것으로 볼 수 있다. 이런 점에서 애플비의 민주행정 사상을 오늘날 우리나라가 처한 경제적 난국에 대입시켜 생각해 보는 것도 좋은 공부가 될 것 같다.

이처럼 애플비는 정부에 관한 고찰에서 중심적인 관심은 시민에 있음을 강조했다. 시민은 행정에 의해 영향을 받을 뿐만 아니라, 정책에 영향을 미치는 수많은 수단의 하나로서 행정을 이용한다고 보았다.

　생각건대, 오늘날 현대 행정학은 애플비를 비롯한 여러 위대한 사상가들에게 크게 빚을 지고 있다. 선배 학자들은 행정학의 발전에 기여하는 큰 획을 하나씩 그어주었다. 우리는 애플비를 통해서 정치와 행정을 엄격하게 구분하는 것은 하나의 허상에 불과하다는 것을 알게 되었고, 이러한 깨달음들이 앞으로 우리들이 정부현상에서 정책학적인 영감을 발견하고 발전시키는 데 중요한 초석이 되어 줄 것이라 생각된다.

애플비의 생애사

애플비Appleby는 미국의 행정관료, 교육자이며, 정치·행정이원론을 반대하고 정치·행정일원론을 주장한 대표적인 학자 중 한 사람으로서, 앤드류와 존슨 애플비 사이에서 미주리 주 그린 카운티에서 태어났다. 그는 1913년에 그리넬  Grinnell대학에서 학사를 취득하였고, 1916년 10월 4일에 루스 메이어와 결혼하여 세 자녀를 두었다.

1914년에 직장생활을 시작해 1920년까지 몬타나, 미네소타와 아이오와에서 신문기자로 생활하였으며, 1920년부터 1924년까지는 아이오와 잡지의 편집장, 1924년부터 1928년까지는 『Des Moines Register and Tribune』의 편집 작가로 활동했다.

1933년부터 1940년까지는 농업부 장관의 수석 비서로, 이후 5년간은 프랭클린 D. 루즈벨트 행정부에서 농무성 차관으로 재직하였다. 또한 그는 트루먼 행정부에서 1944년부터 1947년까지 미국 예산청의 부국장을 맡았다.

애플비는 11년 동안 행정 관료로 공직에 근무하는 동안 많은 행정 관료들이 정책수립(→정책형성)에 관여하는 것을 목격하고 1949년 그의 저서 『정책과 행정』Policy and Administration을 통해 행정의 개념에 대하여 통치기능설과 정치·행정일원론을 주창하였다. 그리고 공익의 개념에 대하여 그는 "공익이란 사익의 집합체도 아니며 또한 사익 간의 타협의 소산도 아니고, 그렇다고 사익과 전혀 관련이 없는 별개의 것도 아니다"라고 하며 '절충설'을 주장하였다.

그럼 이제 또 다른 위대한 사상가, 사이먼의 이야기로 넘어가 보자. 그는 또 애플비와 또 다른 관점에서 행정학의 발전에 공헌한 학자다.

행정과학의 창도자, 사이먼(H. Simon) 이야기

사이먼의 고민: 어떻게 하면 행정연구를 과학화시킬 수 있을까?

사이먼Herbert A. Simon은 매우 포괄적인 분야의 사회과학을 연구한 학자다. 그가 사회과학에 관심을 갖기 시작한 것은 헤롤드 머클Harold Merkel이라는 삼촌 덕분이라고 한다. 그의 삼촌은 제도경제학의 선구자인 커먼즈John R. Commons 교수 아래에서 경제학을 공부했는데, 삼촌의 경제학과 심리학에 대한 책을 읽으며 사이먼은 인간의 행태가 과학적으로 연구될 수 있다는 사회과학의 매력에 푹 빠졌다. 사회과학에 관심을 가졌던 사이먼은 시카고대학에서 문학 학사와 정치학 박사를 받게 되는데, 정치학 박사를 받을 당시에 라스웰H.Lasswell과 메리엄C.Merriam 교수 아래에서 공부를 했다. 라스웰과 메리엄 교수는 정치학자임과 동시에, 시카고학파를 형성하여 초기행태주의를 제창할 만큼 행정학계에 영향력을 주었으니, 사이먼이 박사학위를 『행정행태론』Administrative behavior, 1947으로 받는 등 행정학적 사고를 깊이 있게 전개하였던 것은 어쩌면 당연하다고 할 수 있겠다.

사이먼이 행정학을 공부할 때는 정치행정이원론, 즉 행정의 원리를 강조하던 시점이었다. 정치행정이원론은 19세기 말부터 1930년대 초반에 발달한 이론인데, 정치와 행정은 분리되어야 한다고 주장하는 이론이다. 이 이론에 따르면, 행정부는 정책결정에는 참여할 수 없고 정책결정이 완료되었을 때 집행만을 담당하는 것으로 간주하게 된다. 이러한 학파의 학자들인 귤릭Luther Gulick과 어윅L. Urwick은 고위 관리자의 7가지 기능을 POSDCoRB로 제시하기도 하였다. 이는 Planning기획, Organizing조직, Staffing인사배치, Directing지휘, Coordinating조정, Reporting보고, Budgeting예산 등 7가지 행정활동을 말하는데, 고전적 행정관리의 효율성을 강조하는 원리들이라고 볼 수 있다.

그런데 이 원리가 과연 과학일까? 사이먼은 이러한 원리 자체가 과연 과학일까 하는 문제를 숙고하기 시작했다. 생각해 보자. 과학이라는 것은 경험적이고 객관적으로 검증 가능한 것을 지칭하지 않는가? 그런데 POSDCoRB와 같은 원리는 과학적으로 입증할 수 없다. 단지 학자들이 만들어 낸 하나의 명제와 같은 원리라는 점. 그렇기 때문에 사이먼H. A. Simon은 그의 저서 『행정의 격언』1946과 『행정행태론』1947을 통해 종래 정치행정이원론자들이 내세운 '행정의 원리'라는 것은 한 번도 과학적 실험을 거치지 않은 행정의 격언Proverbs of Administration에 불과하다고 신랄하게 비판했다.

현재 행정이론의 치명적인 흠은 격언에 불과하다는 것이다. 이들은 어떤 것이 현실 조직에 더 잘 적용될 수 있는지에 대한 과학적 설명이 없다. 주관적 판단에 따라 각기 달리 적용될 수 있는 것들이다. 한마디로 비과학적이다.

이들은 일종의 원리들이라고 할 수 있는데, 이는 단순히 실용적인 도구들을 의미하며 학문Science이라기보다는 기술Art에 가까운 것이었다. 사이먼은 이러한 원리들은 결코 과학이라 할 수 없다고 생각했다.

사이먼의 고민과 문제의식은 바로 여기에 있었다.

그렇다면 행정이란 실용적 도구일 뿐인가? 학문으로의 가치는 없을까?

과학적이라고 하는 이론들이 가장 효율적이라면 왜 일관된 법칙이 존재하지 않을까? 아직 그것을 찾아가는 과정인가?

사람마다 가질 수 있는 생각이 다르다는 것은 인간의 주관성이 가변적이고 항상 합리적이지만은 않다는 의미가 아닐까? 그렇다면 가변적인 가치문제보다는 실존하는 대상의 측정 가능한 사실만을 연구하는 것이 옳지 않을까?

대안: 행정연구의 과학화를 위해 행정행태주의를 실현하자

사이먼은 1947년 그의 저서, 『행정행태론』Administrative Behavior을 통해, 이러한 고민에 대한 해답을 제시하였다. 그 결과는 바로 행정행태주의의 창시였다. 행정행태주의를 통해 더 나은 행정연구, 더 나은 의사결정을 위해서는 행정학이 '가치로부터의 독립'이 반드시 전제되어야 한다는 것을 천명하였다. 과학적 방법을 통해 검증받을 수 있는 것만이 행정연구의 대상이 되어야 함을 주장하였다.

사이먼은 먼저 과학적이란 말을 엄격하게 정의하기 시작했다.

즉, '과학' 혹은 '과학적 지식'이란 것은 엄밀한 경험적 검증을 거친 '객관화'되고 '반복적으로 재생산이 가능'한 '보편적·일반화'된 지식 혹은 접근 방법 혹은 그로 인해 얻게 된 지식이라고 규정했다. 그는 『행정행태론』Administrative Behavior에서 공무원의 행태를 예로 들면서, 그들의 행태를 분석하는 데 주관성이 배제되지 않는다면 다시 입증 가능하지 않을 뿐 아니라 주관이 다른 사람 사이에 논란이 일게 되므로 과학이라고 할 수 없다고 주장했다.

행정행태주의의 중심은 가치명제와 사실명제가 분리되어야 한다는 점이다. 인간의 주관이 개입되는 가치명제는 배제하고 사실명제만을 대상으로 과학적 방법에 의한 검증을 거쳐 과학적 원칙을 도출함으로써 과학화를 시도하려고 했다. 과학화의 핵심은 객관화된 수치를 중요시하는 것이었고, 이로 인해 행정학에서 계량분석을 도입하는 양적 분석 중심의 분석이 활기를 띠게 되었다. 이런 사이먼의 고민과 그 해결책은 점점 행정행태론이라는 이론으로 자리 잡게 되었고, 20세기 중반까지의 행정학은 물론, 사회과학 전반의 지배적인 사조가 되었다.

이걸 쉽게 생각해 보자. 아마도 고등학교 때 사회문화에서 본격적으로는 처음 배우게 되는 실증적 연구방법에 관한 내용으로서 다음의 표를 보면, 자연연구와 사회연구가 방법론적으로 동일하다고 나와 있다. 이것은 다시 말해, 사회연구가 초·중·고등학교 때 배우는 끓는 점 실험 같은 자연과학의 연구과정과 동일하다는 점이다. 연구방법을 보면 '계량화해서 숫자로 연구'라고 나와 있다. 이게 바로 데이터Data를 통한 실증적인 연구를 말하는 것이다.

목적을 한번 보자. 목적은 법칙 발견이다. 마치 과학에서 끓는 온도 실험을 통해 물의 끓는 점은 100도라는 법칙을 발견하는 것처럼, '복지지출의 증가와 국가재정의 상관관계'의 문제에서도 그리스, 스페인을 포함한 동부유럽의 통계를 통해 복지지출의 지나친 증가가 국가 재정을 악화시킨다는 일정한 상관관계, 즉 법칙을 발견하자는 것이다. 정리하자면, 사실문제를 객관적인 연구방법을 통해 계량화하여 법칙을 발견하는 것이 실증적인 연구다. 어떻게 법칙을 발견하느냐고 묻는다면, 바로 일련의 조사방법적인 과정을 통해서라고 답하고자 한다. 문제를 제시하고 가설을 설정하고, 자료를 수집하고질문지법, 실험법 등을 통해, 자료를 분석하고, 가설을 검증하고, 이론을 도출하는 과정을 통해서 가설의 인정여부를 검증하는 것이다.

이처럼 사이먼은 행정현상을 연구함에 있어서도 자연과학에 있어서와 같은 경험적·실험적 방법에 의해야 한다고 강조했다. 그리하여 그는 사실적인 것과 가치적인 것을 엄격히 구분하고, 과학은 사실만을 취급하는 학문이라 하여, 행정학에 있어서도 그 연구의 대상을 사실의 세계에만 두어야 한다고 주장했다. 이에 따라 행정의 의사결정 연구에 있어서도 가치 판단적인 것정책결정과 사실 판단적인 것정책집행을 구별하고 가치 판단적인 것은 정치에서 다루도록 하며, 행정은 어디까지나 그 연구의 대상을 사실 판단적인 것에만 국한시켜야 한다고 주장했다. 이를 정치행정 새이원론이라고 한다.

구분	실증적 연구방법	해석적 연구방법
자연연구와 사회연구의 관계	방법론적 일원론 (자연연구＝사회연구)	방법론적 이원론 (자연연구≠사회연구)
연구방법	계량화해서 숫자로 연구, 객관적인 이해 중요	숫자보다 직관적 관찰, 주관성 있어도 무방하다
자료수집방법	질문지법, 실험법	면접법, 참여관찰법
목적	법칙 발견	숨은 의도와 동기에 대한 이해
대표학자	콩트 사회를 사물연구 하듯 연구해야 한다	베버 사회는 사물연구 하듯이 해서는 안 된다. 정신적인 요소에 대한 이해가 필요

초점: 행정행태주의

키워드는 행정행태주의다. 사이먼 이전에도 행정학은 존재하였지만 행정원리에 대한 비판에서 볼 수 있듯이, 그 이전의 행정학은 과학으로 인정받기 어려웠다. 하지만 행정행태주의로 인해 행정의 과학적인 연구가 가능하게 되었고, 이러한 계량적 방법으로 인해 이전에도 감히 생각지도 못한 고차원의 분석과 실증적인 분석이 가능하게 되었다. 또한 행정행태에 대한 연구에 있어 조직의사결정의 중요성을 일깨우게 하는 등 행정학에 있어 사이먼 이전과 사이먼 이후로 나뉠 정도로, 사이먼의 공헌은 매우 크다고 할 수 있다. 즉, 사이먼에 의해 행정학에 과학적인 토대를 가진 이론을 정립하기 시작했으며, 그의 공헌에 의해 행정학에 대한 포괄적인 과학적 지식이 축적되기 시작했다고 평가할 수 있다.

사이먼은 행정행태론에서 행정에 있어서 의사결정의 실증적·과학적 측면만을 주창한 것은 아니었다. 그는 단일한 의사결정을 통해 기업의 이윤을 극대화하려는 경제 모델과 개념에 대한 매우 단순화된 전통적 접근법 대신 의사결정 과정에서 복합적인 요인을 고려하는 접근법을 제시했다. 사이먼은 전통적인 경제학에서 다루지 않던 의사결정 과정의 심리적인 요소를 고려하였고, 이것은 나중에 그에게 노벨 경제학상을 받게 한 의사결정의 '만족모형'이나 '제한된 합리성'으로 이론화되었다. 워낙 연구의 범위나 영역이 방대한지라, 그의 자서전 『나의 자화상』Models Of My Life을 읽으면서 더욱 재미난 이야기들을 발견해 보길 바란다.

쉬어가는 코너 ▶ 사이먼과 제한된 합리성

"인간이 어떻게 생각하고 어떻게 스스로를 조직하는지에 정통한 단 한 사람을 들라면 그것은 단연 허버트 사이먼이라고 할 수 있다." 장하준 교수가 그의 책 '그들이 말하지 않는 23가지'에서 사이먼에 대해 평가한 표현이다. 장하준 교수는 이어서 "사이먼에 따르면 우리는 합리적으로 되고자 노력하지만, 합리적으로 되기 위한 우리의 능력에는 심각한 제약이 있다"라면서 "우리가 올바른 결정을 하고자 할 때 흔히 맞닥뜨리게 되는 중요한 문제는 정보의 부족이 아니라 정보를 처리하는 우리 능력의 한계"라고 말하고 있는데, 이는 사이먼의 생각을 그대로 보여 주는 것이라고도 할 수 있다. 인터넷 발전 등으로 정보의 홍수 속에 살아가는 현대 사회의 우리 모습을 보면, 사이먼의 생각이나 장하준 교수의 평가가 더욱 마음에 와 닿지 않는가? 다만 사이먼은 조직 의사결정에 있어 인간의 능력이 제한적이라고 보았지만, 인간은 또한 우리가 생각하는 것보다 더 많은 능력을 지녔다고도 보았다. 이 점 역시 잊지 말았으면 한다.

사이먼의 생애사

허버트 알렉산더 사이먼Herbert Alexander Simon은 독일계 미국인으로, 제한된 상황에서의 의사 결정 모델에 관한 이론으로 1978년 노벨 경제학상을 수상한 미국의 심리·경제학자 및 인지과학자이다. 1947년에 발간된 『행정행태론』Administrative Behavior을 통해 '행태주의'Behavioralism를 주창하였다. 대공황과 세계대전의 여파로 사회 문제에 관심을 가지게 됨에 따라 평생 동안 연구한 주제인 '신고전주의 경제학에서 가정하는 합리성이 충족되지 않은 상황에서 인간은 어떻게 논리적으로 사고하는가?'라는 질문에 몰두하였다.

사이먼은 인간 인지능력의 한계제한적 합리성라는 관점을 가지고 주류 경제학이 가정하는 합리성에 대해 그 체계를 비판한 최초의 학자이며, 이러한 그의 주장은 후에 경제학과 심리학이 결합하는 행동 경제학으로 꽃을 피운다. 그가 처음 합리성에 의문을 제기한 당시에는 그의 논점이 아직 개념적 단계에 머물렀고, 모델화가 어려웠기 때문에 대다수의 경제학자에게 인정받지 못했지만 후에 행동 경제학 형성에 큰 영향을 미쳤다.

미국 위스콘신 주 밀워키에서 태어난 그는 전자 제어부분 디자이너로 피드백 장치를 개발하는 데 크게 기여한 아버지의 영향을 받아 20여 개국의 언어를 읽을 정도로 다재다능했던 인물이다. 1933년 시카고대학에 입학하여 정치학을 전공했으나, 1939년부터 1942년까지 캘리포니아 버클리대학의 행정 연구소에서 '캘리포니아 주 정부 산하 규제사업부에 몇 명의 사업가를 두는 게 적절한가?'를 결정하는 연구로 조직 이론 발전에 영향을 주며, 이후 RAND의 시스템 연구소에서 오랜 연구 파트너인 앨런 뉴얼Allen Newell을 만나 1956년 인지과학Cognitive Science의 탄생에 지대한 역할을 하였다. 또한 다니엘 카너먼Daniel Kahneman과 함께 행동 경제학 탄생에 결정적인 역할을 하였다. 그는 지방 및 도시행정, 미국정치제도론, 경영·경제, 과학, 컴퓨터와 인공두뇌, 그리고 인지 심리학 등 다방면으로 그의 주요 연구관심을 넓혀 왔고, 1978년에는 노벨경제학상을 받았다.

그는 행정학, 경영학, 조직학, 인지 과학, 경제학 등 다양한 분야에 막대한 영향을 준 학자로 평가 받고 있으며, 특히 '인공지능'의 아버지로 일컬어지며 미국 학술원의 정회원으로서 약 1천여 편의 학술논문을 발표했다.

발전행정론의 항해사, 와이드너Edward W. Weidner
이야기

와이드너의 고민: 선진국의 행정이론은 과연 그대로 후진국에게 적용 가능할까?

1945년 하면 떠오르는 사건은 무엇이 있는가? 맞다. 우리나라 사람들이라면 대한민국의 독립이라는 거대한 사건을 모르지 않을 것 같다. 다만 더불어 생각할 것은 2차 세계대전의 영향으로 인해서 독립된 나라는 우리나라뿐이 아니라는 점이다. 서구 열강들에 의해 지배되던 식민지 국가들이 1945년 이후로 하나하나씩 독립하기 시작했다. 중국, 인도, 인도네시아, 싱가포르, 리비아, 알제리 등이 바로 신생독립국가들이다.

그러나 또 한 번 비극적인 사건이 일어났다. 바로 미국을 중심으로 한 자유주의 진영과 소련을 중심으로 한 공산주의 체제의 이념 차이로 냉전Cold War이 발생하게 되었다. 이제야 자신들의 주권을 되찾은 신생독립국들은 또 다시 냉전에 휘말리게 되었다. 미국과 소련이 서로 신생국들을 자신의 편으로 끌어들이기 위해 경쟁을 하기 시작한 것이다. 두 나라는 각자 신생국들의 마음을 사기 위해 그들을 돕기 시작했다. 소련은 물질적 지원보다는 그들의 공산주의 이념을 신생국에 전파했다. 미국은 거대한 경제력으로 신생국들을 돕기 시작했다. 미국은 신생국들을 원조하고 그들의 마음을 얻어 신생국들이 공산주의를 받아들이는 것을 막으려고 노력했다. 또한, 신생국들에게서 자원을 얻고 미국의 자본을 투자할 수도 있고, 자신들의 물건들을 사줄 수 있는 해외시장이 필요했던 것이다.

와이드너E. W. Weidner는 이러한 시기에 발전행정론이라는 행정학의 중요한 패러다임을 이끌어간 학자다. 그는 행정학자로서 1946년에 학문적 활동을 시작했는데, 이때가 바로 위에서 말한 대로 제2차 세계대전이 끝난 후 미국과 소련이라는 강대국이 냉전체제하에서 서로 경쟁하던 시기였다.

와이드너는 미국의 국제원조 프로그램에 참가하면서 약 10년 정도 여러 신생국가를 돌아보면서 미국의 정치체제와 행정제도들이 신생국들에게 잘 적용될지에 대한 회의를 느끼기 시작했다. 그는 가우스J. M. Gaus, 리그스F. W. Riggs와 같은 비교행정 학자들이 주장한 대로 행정의 효과가 나타나는 데에는 주변 환경의 영향이 중요하다는 것을 발견하였고 선진국과 후진국의 행정환경이 정말 많이 다르다는 것을 인식하게 되었다.

미국이나 유럽 국가들에서는 잘 시행되고 효과가 잘 나타나던 정책들을 동아시아 후진국에서 시행하면 왜 결과가 다르게 나타나는 것일까?

대안: 국가(정부)의 발전지향적 모델을 개발하자

이러한 고민들을 반영해서 와이드너가 제시한 것은 발전행정론이었다. 특히 체제의 변화System Change를 동반하는, 지향된 성장Directional Growth을 위해 계획된 변화를 도입하는 것이었다. 즉, 지향된 성장Directional Growth을 위해 체제변화System Change가 동반되어야 하고, 그러한 변화는 체계적Systematic이고 계획적Planned으로 실행되어야 한다는 것이다.

우리나라의 발전모델이 여기에 적합한 사례이다. 1945년 해방 이후 우리나라는 경제적 생산활동을 위한 기반시설이 거의 없었기에 미국의 원조에 의해 경제가 겨우 움직이는 상황이었다. 게다가 1950년 한국전쟁으로 인해 전 국토가 전쟁터가 되면서 그나마 남아있던 기반마저 완전히 잿더미로 변해버렸기에 우리나라는 모든 것을 백지상태에서 새로 시작해야 할 정도로 처절했다.

가장 기본적인 경제적 기반을 조성하기 위해 1962년부터 경제개발 5개년 계획을 시작하게 되었는데, 역사적으로 오랜 기간을 거치면서 산업화와 민주화를 이룩해온 선진국과는 달리 우리는 그런 역사적 경험도 없었고, 그나마 사회변화의 역군으로 잘 훈련된 집단이라고는 관료조직뿐이었다.

박정희 대통령은 1962년부터 우리나라 경제를 변혁시킬 경제개발 5개년 계획을 관료조직 중심으로 시동을 걸었다. 관료조직은 일사불란한 명령체계와 신속한 업무수행으로 단기적 성과나 집행에 효율적인 체제라고 할 수 있다. 이런 특징들은 당시 우리나라의 발전행정을 위해 필요했고, 전형적인 관료제의 속성을 가진 군대를 지휘했던 경험으로 박정희 대통령은 발전과 계획을 신속하게 추진했다. 선진국 관료모형과는 달리 단순한 집행적 권한 외에 중요한 국가의 정책을 기획할 수 있는 권한도 관료에게 주며 경제기획원이라는 부처도 신설했다. 고급 엘리트 관료를 양성하기 위한 고등고시 제도도 발전시켜 고급 공무원 인력 자원을 확보하는 방법도 실행했다. 이렇게 관료제를 통한 발전을 시도하면서 우리나라는 고도의 성장을 이루어냈기에 우리나라의 발전모형은 발전행정론의 교과서처럼 평가받고 있다.

초점: 발전행정이론

키워드는 발전행정이론이다. 와이드너의 발전행정은 발전을 성립하기 위해 행동을 계획하고, 변화에 대한 적응 능력을 키우는 것을 의미한다.

와이드너는 발전에 관해 다음과 같은 4가지 요소를 제시했다. 1) 성장Growth: 양적 측면, 2) 변화Major Change: 질적 측면, 3) 방향성Direction, 4) 목적의식Purposefulness이다. 1960-70년대가 주로 성장이라는 양적인 측면에 치중했다면, 오늘날 대한민국은 좀 더 변화라고 하는 질적인 측면을 고려할 필요가 있겠다. 또한, 대한민국을 하나의 공동체로 인식하고 인간의 존엄성을 증진시키려는 방향성과 목적의식을 뚜렷하게 정립해 나갈 필요가 있다.

발전행정이론으로 실제 개도국에서 출발하여 OECD에 가입한 선진국이 된 유일한 나라가 우리나라다. 특히 최근 우리나라는 전자정부 분야에서 UN평가 세계 1위를 달성하면서 많은 아시아, 아프리카, 남미의 부러움을 받고 있기도 하다. 우리가 개발원조ODA의 대상으로부터 출발하여 이젠 세계 개도국들에게 많은 개발원조ODA를 시행하는 나라가 되었으니, 그 점은 우리 모두 뿌듯하게 생각해도 될 것 같다.

발전행정에 대한 부정적 평가들도 있지만 본래 발전행정이 추구했던 목표들은 바람직했다고 생각한다. 잘 사는 나라를 만드는 것, 이 목표는 누가 보더라도 국가가 추구해야 할 이상이라고 할 수 있을 것이다. 평가가 엇갈리는 이유는 목표를 달성하기 위한 방법이나 수단의 선택 때문인데, 특히 우리나라가 선택한 불균형 성장과 관료 주도의 발전전략이 일부 비판을 받고 있기도 하다.

발전행정이론에서 시사하듯, 사회 전반에 걸친 균형적 성장은 너무 오랜 시간이 필요하고 경제적 기반이 전무하다시피 한 우리나라에서는 거의 비현실적이었기 때문이다. 당시 우리나라 발전을 추진할 집단도 사실상 관료조직 외에는 대안이 없었기 때문에 관료에 의해 발전이 주도된 것이라고 이해할 수 있다.

하지만 이러한 논리 이면에 그동안 우리가 간과했던 부분들이 많은 문제점으로 드러나고 있는 것도 사실이다. 상대적으로 낙후된 지역, 소외된 계층들을 좀 더 지원하여 균형 잡히고 성숙한 발전이 될 수 있도록 정부도 더 노력해야 할 것이다. 아까도 말했듯이 와이드너가 말하는 발전은 본래의 목적과 가치를 이루기 위해 매개일 뿐이다. 우리나라는 와이드너의 발전행정론으로 세계적으로 인정받는 국가로 건설했지만, 정작 발전의 목적은 잊은 것은 아닌지 하는 반성과 성찰이 필요한 것도 사실이다. 이는 앞으로 우리가 해결할 과제라고 할 수 있겠다.

쉬어가는 코너 ── 와이드너와 덩샤오핑의 정책

와이드너E.W.Weidner의 발전행정은 평가가 극명하게 갈린다. 발전행정이 이루어낸 성과에 대한 찬사만큼이나 양극화 등 부수적인 폐해가 장기적으로 심각하게 나타나고 있기 때문이다. 최근 가장 빠른 경제적 성장을 보이는 중국의 경우, 덩샤오핑의 '흑묘백묘론'黑猫白猫論과 '선부론'先富論을 따라 자본주의 체제로 전환을 시도했는데, 이는 발전행정의 중국식 표현이라고 볼 수 있다. 이는 흰 고양이든 검은 고양이든 쥐만 잘 잡으면 되는 것과 부자가 될 수 있는 사람을 먼저 부유하게 하라는 뜻이다. 엘리트 주도의 국가발전을 위한 엘리트 인재의 양성과 국가적 기획을 통한 계획적 경제발전도 추진했다. 중국 외에도 태국의 경우 2001년 탁신 수상 집권으로 관료 중심의 급진적 개혁 추진을 시작하였는데 발전행정이 개발도상국 및 제3세계 국가들의 발전에 얼마나 많은 영향을 미치는지 단적으로 보여 주는 사례라고 볼 수 있다. 우리나라를 포함한 이들 국가가 양극화 등 폐해는 또 어찌 해결할는지도 궁금하지 않은가?

최근의 사회문제 해결에 정부만 주도적으로 나서는 것이 아니라, 정부가 민간, 즉 시장 및 시민사회와 협력하여 문제를 해결해 나가려는 노력을 거버넌스Governance라고 한다. 이제는 우리 사회도 양적으로 팽창하고 질적으로 심화되어 모든 공공문제를 정부 주도로만 시행하기에는 무리가 있다는 것이다. 또한 시장에서 대기업과 중소기업도 상호 협력하여 공생발전을 추구할 필요가 있다고 하여 경제민주화라는 용어가 사용되기도 한다. 민생, 소통, 통합이 키워드가 되어 우리 사회의 아픈 부위를 힐링Healing해 나갈 필요가 있다. 효율적 시장, 성숙된 시민과 함께 진지하게 대화하고 소통하는 가운데 정부는 대한민국의 미래 발전상을 그려나갈 필요가 있을 것이다. 우리나라 저력은 그동안의 노력에서도 많이 드러났다. 이제는 우리 모두가 힘을 합쳐 더 큰 대한민국, 더 성숙한 대한민국, 더 발전된 대한민국을 만들어가야 하지 않을까?

와이드너의 생애사

와이드너는 1921년 7월 7일 미네소타 주Minnesota 미니애폴리스 Minneapolis에서 피터 & 릴리안 와이드너Lillian and Peter Weidner의 둘째 아들로 태어났다. 1939년 루즈벨트 고등학교Roosevelt High School를 졸업하고, 1894년 필라델피아에서 창립된, 지방정부에서의 투명성·효과성·공개성을 지지하기 위한 비영리조직인 도시연합 조사협회 a research associate for the National Municipal League 회원으로 활동하며

대학원에서 공공행정에 대한 관심을 가
지게 되었다. Phi Beta Kappa[5] 졸업생
으로서 1946년 미네소타대학교University
of Minnesota에서 정치학 박사학위를 받
고 조교수로 임용되어 학자로서의 경
력을 쌓기 시작하여 켄터키대학, 미시
건주립대학Michigan State University, LA의
캘리포니아대학, 매디슨에 있는 위스콘
신대학, 미네소타대학에서 정치학 교수로 재직했다.

1950년부터 12년이 넘는 기간 동안 정부의 각종 정책에 자문위원
및 연구위원으로 참여하였는데, 특히, 해외 프로그램 조사연구소the
Institute of Research on Overseas Programs 책임자로서 기술적 지원, 교
육적 교류, 국제적 발전과 행정 분야에서 다양한 활동을 했다. 이런
업무를 담당하면서 그의 가족과 함께 방문한 베트남과 포드재단의
지역 발전 아카데미에 자문을 하기 위해 파키스탄 등 동남아시아 국
가들을 돌아볼 수 있는 기회가 많았다. 이 기간이 와이드너가 후에
개발도상국에 대한 이해와 이를 기초로 전개한 발전행정론의 결정적
밑거름이 되었다.

또한 1961년에서 1962년까지 하와이대학에 있는 동서문화센터the
East-West Center에서 근무하게 되는데 이 연구소가 주로 동서양의 문
화적 차이를 연구하는 일을 주로 했기 때문에, 와이드너는 두 세계의
많은 차이점을 발견하는 계기가 되었다. 1967년부터 켄터키대학
Kentucky State University 발전개혁센터the Center of Developmental Change
의 책임자로 일하면서 '발전'이라는 목표를 성공적으로 이루기 위한

고민과 그 방법들을 찾기 위해 노력하였고, 이런 과정을 거치면서 쌓은 경험과 안목들이 나중에 발전행정론의 실무적 부문에서 많은 도움이 되었다.

1966년 10월 위스콘신대학 새 캠퍼스 UW-Green Bay의 총장으로 부임하여 1986년에 공식적으로 퇴임하였다. 이 기간 동안 8권 이상의 저술·공동저술을 하였고, 학술대회에 수백 건의 논문을 발표하였으며 여러 학술단체의 위원 및 편집위원을 역임하였다.

와이드너의 주요 저술에는 『해외국가 행정의 기술원조』Technical Assistance in Public Administration Overseas, 1964), 『아시아 발전행정론』Development Administration in Asia(Duke University Press, 1970) 등이 있다.

비교행정이론의 선구자, 리그스(F. Riggs) 이야기

리그스의 고민: 국가마다 행정현상은 환경(맥락)에 따라 달라지지 않을까?

리그스F. Riggs는 행정현상은 진공Vacuum 속에서 이루어지지 않는다고 생각했다. 행정의 사회문화적socio-cultural 환경은 행정현상에도 큰 영향을 미치고, 더 나아가 국가발전에도 많은 영향을 미친다는 의미다. 이러한 관점을 토대로 리그스는 개발도상국의 비교행정연구에 관심을 두었다.

프리즘 모델로 유명해진 리그스이지만, 사실 리그스 교수의 첫 저작은 『행정의 생태주의』The Ecology of Public Administration라는 책이었다. 그의 책은 미국의 행정환경을 생태주의적 관점Ecological per-spective에서 바라보는 것으로 시작하고 있다. 생태주의적 관점은 생물학의 한 분야인 생태론生態論을 행정현상의 설명에 활용하는 연구방법이다. 즉, 생태주의적 관점은 행정조직 전체를 살아 있는 하나의 유기체有機體로 보고, 그 유기체 내의 한 부분에 변화가 생겼을 경우 그것이 다른 부분에 어떠한 영향을 미치는가, 또는 행정조직을 둘러싸고 있는 외부환경정치, 경제, 사회, 문화, 자연 등의 변화가 행정에 어떠한 영향을 주는가를 연구·분석함으로써 행정현상을 파악하려는 연구 방법이라고 할 수 있다.

리그스는 한 사회의 상황은 그 사회를 둘러싼 환경적인 조건과 밀접한 연관성을 가지고 있고, 이러한 환경적 요소는 사회를 작동하게 하는 행정과 불가분적인 연관관계가 있다고 보았다. 이에 그는 다음과 같은 고민을 하게 되었다.

행정현상은 진공Vacuum 속에서 이루어지지 않는다. 행정은 사회문화적Socio-cultural 환경의 산물이다. 그렇다면 국가마다 행정현상은 그 환경맥락에 따라 달리 나타나지 않을까? 그리고 이러한 행정현상을 좀 더 과학적으로 잘 설명하려면 비교분석적인 접근이 필요하지 않을까?

리그스는 태국과 필리핀에서의 행정환경의 변화에서 생태주의적인 관점을 이용하여 그 나라 고유의 물리적·인구적·사회문화적 환경이 행정에 어떠한 영향을 미치는지를 그려내고자 했다. 여러 환경적 조건 중에서 리그스가 특히 관심을 둔 것은 사회문화적Socio-cultural 요인이다. 이러한 사회문화적 요인이 행정환경에 큰 영향을 끼치고, 또한 행정환경이 사회문화적 환경을 변화시킬 수도 있는 상호 연관성을 지적하였다.

비교는 어떻게 해야 '잘' 하는 것일까? 각각의 특징들을 나열하고, 자세하게 서술하는 것으로 비교를 할 수도 있겠다. 그러나 그것은 비교를 잘 하였다고는 볼 수 없다. 비교를 잘하기 위해서는 프레임Frame이 필요하다. 프레임은 원래 영화를 찍을 때 순간을 담아낼 수 있도록 가로와 세로로 구성된 틀을 말한다. 비교를 정말 잘 하기 위해서는 이러한 틀이 필요하다. 개념적 틀에 따라 유사점과 차이점, 장단점과 특징들을 비교할 수 있을 때 우리는 비로소 비교를 잘 할 수 있다는 평가를 받게 될 것이다.

우리가 이야기하고 있는 리그스라는 학자는 이러한 개념적 비교 프레임을 이용해서 프리즘적 관점Prismatic Society에서 행정현상을 바라보아야 한다고 주장하며, 특히 개발도상국과 선진국의 비교연구에 깊은 발전을 이루어낸 사람이다. 지금이야 이러한 상대적인 시각이 당연하게 받아들여지겠지만, 제2차 세계대전 이후 미국 행정이 주류를 이루었던 당시에는 미국의 행정현상이 보편적, 일반적 법칙으로 고려되었었기 때문에 그의 이러한 시각은 당시 행정학계에서 매우 혁신적이고, 창조적인 발걸음이었다.

대안: 프리즘 모형과 살라 모형을 제창하자

리그스는 사회발전은 융합사회, 프리즘사회, 분화사회의 3단계를 거친다고 보았다. 그중에서 특히 프리즘사회를 개발도상국의 상태로 보았다. 후에 이 프리즘사회의 시각과 관료제의 형태를 결합하여 살라 모형을 개발하기에 이르게 된다.

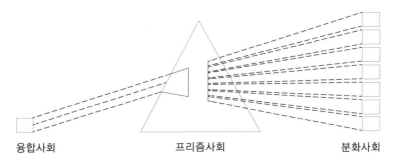

〈그림 1〉 프리즘 모형

융합사회   프리즘사회   분화사회

* 자료: Riggs, Fred W. (1964). Administration in Developing Countries.
  Boston: H. Mifflin Co. pp. 17-60에서 재구성.

리그스와 프리즘 모형(prismatic model)

리그스는 프리즘 모형을 써서 사회를 그 발전 정도에 따라 3가지
의 유형으로 나누었다. 햇빛이 유리에 닿는 순간을 한번 상상해 보
자. 햇빛이 유리에 닿기 전에는 백색의 광선에 불과할 것이다. 그러
나 유리에 닿는 순간 여러 단계의 굴절을 거쳐서 일곱 빛깔의 무지
개색으로 나누어지게 된다. 리그스는 우리 사회의 모습도 이와 같
다고 보았다. 사회도 초기에는 분화되지 않은 융합사회Fused Society
로 시작하여서 후기로 갈수록 분화가 진행되어 프리즘사회Prismatic
Society가 되고, 발전을 계속하여 분화가 충분히 이루어지면 분화
사회Refracted Society가 된다고 하였다. 분화 정도에 따른 발전 모델
은 개개 국가의 사회 발전 정도에 따라서도 분류해 볼 수 있다.

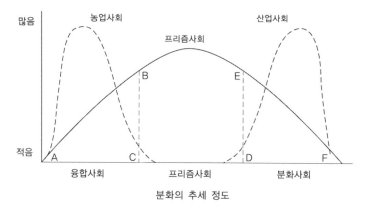

〈그림 2〉 농업사회, 프리즘사회, 산업사회

특성적 구성원의 수

많음

농업사회

프리즘사회

산업사회

B

E

적음

A

C

D

F

융합사회

프리즘사회

분화사회

분화의 추세 정도

* 자료: Riggs, Fred W. (1964). Administration in Developing Countries. Boston: H. Mifflin Co. pp. 17-60에서 재구성.

첫 번째로 융합사회Fused Society의 경우 전통적인 농업사회Agaria 에 해당하게 된다. 두 번째 단계인 프리즘사회Prismatic Society는 분화가 진행되고 있는 중간적인 위치의 사회를 의미하게 된다. 중간 단계인 프리즘사회가 바로 리그스가 관심을 집중하였던 개발도상국의 과도기적 사회 현실에 해당한다고 볼 수 있다. 전통과 현대가 공존하는 개발도상국의 행정연구는 혼란스러운 가운데에서도 발전의 가능성과 희망을 찾아볼 수 있는 흥미로운 세계였을 것이다. 마지막으로 세 번째 단계인 분화사회Refracted Society는 산업화가 진행된 산업사회Industria라고 볼 수 있다. 마지막 단계의 국가들은 이미 발전을 이루어낸 선진국들을 말하는 것이다.

리그스와 살라 모형(Sala Model)

리그스는 프리즘적 사회의 관청을 살라Sala로 표현하고 있는데, 이는 스페인어로 '사랑방'이라는 의미다. 그는 중립적인 개념으로 'Bureau'라는 개념을 사용하면서 선진국에서 볼 수 있는 바와 같이 비교적 기능이 분화된 것을 관공서Office라 하고, 전통사회의 미분화된 것을 관아Chamber라고 불렀다. 그리고 이의 중간적 유형으로 살라Sala 모델을 제시하였다.

살라 모델에서는 혈연, 지연, 학연 등이 작용하여 행정 서비스의 가격이 가변적이며, 이에 따라 어느 정도 부패가 존재한다. 즉, 살라관청에서는 사안이 계층을 오고갈 때마다 일정부분의 돈이 유출되는Trickle down 현상이 발생된다. 관료의 충원에서도 엽관주의, 분파주의가 존재하고, 관료들이 다양한 가치권력, 돈, 명예 등를 병행해서 소유하게 된다. 따라서 전통사회에서 관이 존경받는 것과는 달리 어느 정도 반항적인 고객이 존재하며, 이상을 표방하는 것과 실제 이루어지는 것 사이에 괴리가 존재한다고 보았다.

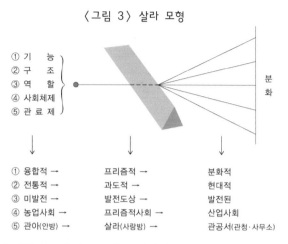

〈그림 3〉 살라 모형

① 기 능		분
② 구 조		화
③ 역 할		
④ 사회체제		
⑤ 관 료 제		

① 융합적 →   프리즘적 →   분화적
② 전통적 →   과도적 →   현대적
③ 미발전 →   발전도상 →   발전된
④ 농업사회 →   프리즘적사회 →   산업사회
⑤ 관아(안방) →   살라(사랑방) →   관공서(관청·사무소)

* 자료: Riggs(1980: 122쪽)에서 수정.

초점: 비교행정이론

키워드는 비교행정이론이다. 리그스 이론의 핵심은 결국 비교
행정을 어떻게 해야 하느냐에 관한 것이다. 리그스가 제시한 비교
행정의 연구는 크게 두 가지로 요약할 수 있다. 우선 행정현상을
바라볼 때 우리가 생태주의적인 관점Ecological Perspective을 견지해
야 한다는 것이다. 앞에서도 언급했듯이, 행정현상은 진공Vacuum
속에 있는 것이 아니라, 사회문화적Socio-eocnomic 환경에 영향을
받아 만들어지는 것이기 때문이다. 생태주의적 접근법은 행정연
구의 범위를 넓힐 뿐만 아니라 사회를 자연 속의 유기체로 인식
하게 해 주는 장점이 있다. 비교행정연구를 함에 있어 연구자는
역사적 배경, 이데올로기, 가치체계, 경제구조, 사회구조 등 다른

연관된 요소들을 항상 연구해야만 한다. 이는 사회 시스템이 갑작스럽게 변화되기보다는 서서히 진화되기 때문이다. 이처럼 행정환경은 언제나 사회 시스템이 형성되고 변화되는 데 필수적인 역할을 한다고 볼 수 있다.

리그스의 두 번째 주장은 선진국과 개발도상국의 비교는 동일한 틀로 바라볼 수 없다는 것이다. 리그스는 사회의 발전 과정을 3단계로 나누고, 태국과 필리핀과 같은 개발도상국의 연구를 통해 프리즘사회Prismatic Society에 대한 이론과 살라 모형Sala Model을 개발하게 된 것이다.

쉬어가는 코너 **리그스와 성찰적 비교행정**

최근 우리 정부는 우리나라의 국제적 위상이 올라가면서 개발도상국에 대한 공적개발원조ODA와 전자정부 지원 등 공공행정 컨설팅 사업을 하고 있다. 한국국제협력단KOICA이 그 중심 역할을 하고 있다. 하지만 이러한 국제 간 협력사업의 경우에 비교행정적 접근이 매우 큰 의미를 지니게 된다. 즉, 단순한 제도 이전이나 이식이 가져올 결과에 대해 신중하게 검토할 필요가 있다는 것이다. 무조건적인 선진국 제도나 문물의 도입은 예상하지 못한 결과들을 가져올 수 있다는 것은 이제 자명한 사실이 아닐까? 한때 서구 우월주의를 경험해 본 적이 있는 우리로서는 똑같은 좌절감을 안겨주는 우遇를 범해서는 안 되지 않을까? 수원국受援國의 문화와 환경에 부합하는 지원을 통해 그 나라 국민들이 가장 필요로 하는 도움을 주는 것이야말로 정책학에서 라스웰이 강조하는 진정한 인간의 존엄성에 부응하는 국제협력사업이 아닐까?

미국의 이론사회학자인 파슨스는 말하기를 "사회학자들은 모두 막스 웨버를 비판한다. 그러나 그 누구도 웨버의 이론을 언급하지 않고 독립적으로 사회연구를 할 수 있는 사람은 없다"라고 했다. 같은 이유로 비교행정을 연구하는 사람은 대부분 리그스의 프리즘적 모형을 비판하기도 하지만 그 누구도 리그스의 영향으로부터 자유롭지 않다고 평가될 만큼, 리그스는 비교행정에 큰 영향을 준 학자라고 할 수 있다.

리그스의 생애사

리그스F.Riggs는 선교사인 아버지를 따라 중국의 쿠링에서 1917년 7월 3일에 태어났다. 그는 중국에서 2년간 난징대학교에서 공부한 후, 일리노이대학교에서 학사학위를 받았다. 그 후 미국 보스톤 플레쳐 스쿨에서 법학과 외교학으로 석사학위를 취득하고, 컬럼비아대학교에서 박사학위를 받았다. 인디애나대학교의 벤틀리 교수로부터 수학을 받은 리그스는 후에 오랫동안 하와이대학의 교수로 명성을 떨친다. 그는 1987년에 교수직에서 은퇴하였지만 그 이후에도 연구와 출판을 지속적으로 진행하였다.

선교사인 아버지를 따라 유년시절을 중국에서 보내게 된 그의 경험은 개발도상국에 대한 깊은 관심과 애정을 이루게 되었다. 후에 그가 비교행정을 하게 된 때에 그의 이러한 경험들은 현실을 바라보게 하는 창조적인 인식의 도구로서 기능하게 하는 데 많은 도움이 되었으며, 그의 창조적인 비교행정연구를 통해 행정학자로서의 세계적인 명성을 얻게 하였다. 특히 인도, 한국, 필리핀, 타이완, 대만과 같은 국가에서 행정 발전에 크게 기여하였다는 평가를 받고 있다.

이러한 업적을 인정받아 리그스는 1983년에 태국 국왕으로부터 하얀 코끼리 상을 받고, 미국의 저명한 인명사전인 Who's Who에 이름이 올라가게 되었다. 그의 저작들은 이태리어, 프랑스어, 포르투갈어, 한국어, 러시아어, 스페인어로 번역되어서 출간되었고, 이집트, 사우디아라비아, 에티오피아, 수단, 탄자니아 등의 각 대륙에서도 강연을 하게 된다. 그는 미국 행정학계의 혁신적인 리더로 인정받았고, 국제 정치과학협회와 유네스코 등의 전문 협회에서도 리더로 활약하였다.

리그스는 1960년대 후반 미국을 대표하는 행정학자였다. 그가 특히 더 높게 평가가 되는 것은 행정학에서의 미국 중심 사고에서 벗어나, 개발도상국의 행정 연구에 있어서도 개개에 적합한 비교의 틀을 마련하여 개도국의 발전을 도모하고, 더 나은 미래를 제시해 주었다는 점에 있다.

CHAPTER

III

신행정학의 탄생: 행정연구의 가치지향

신행정학의 선구자, 왈도(D. Waldo) 이야기

Chapter Ⅲ
신행정학의 탄생: 행정연구의 가치지향

신행정학의 선구자, 왈도(D. Waldo) 이야기

왈도의 고민: 행정행태주의는 사회의 근본적 문제에 대해 과연 올바른 처방을 주었는가?

왈도D. Waldo가 경험한 1960년대 미국의 정치 환경은 실로 소용돌이의 시대였다. 베트남 전쟁의 실패, 인권운동과 그 소요, 그리고 존슨 행정부의 '빈곤과의 전쟁'과 같은 정치적 혼란, 도시문제에 대한 광범위한 우려, 폭력문제에 대한 관심의 고조 등을 겪었다. 그야말로 격변의 시대, 소용돌이의 사회였다.

왈도는 '행정'이란 사회문제를 해결하고, 사회가 보다 개선된 방향으로 나아갈 수 있도록 지속적 관심을 가져야 한다고 보았다. 이것을 왈도는 행정의 '자아인식'Self-Aware이라고 보았다. 따라서 행정은 사회에서 벌어지는 문제를 포함한 다양한 현상에 대해 깊은 고민을 가져야 하고 그 속에서 현상 치유능력을 가져야 한다고 믿었다.

이러한 기본적 시각 속에서 왈도는 자기반성을 시작했으며, 그러한 반성은 당시 학문세계의 주류를 이루던 통계분석과 행태주의에 대한 성찰로 이어졌다. 당시 미국 행정학 방법론의 분위기는 계량화가 가능한 문제들과 데이터Data분석에 치중하는 경향이 있었기 때문이다. 통계적 분석과 계량적 수치에만 의존하게 되면 인권이나 사회정의, 사회변동 및 갈등문제와 같은 사회의 근본적 문제들은 자연히 배제되지 않는가? 이러한 것들이 왈도의 고민이었다.

> 왜 워터게이트 사건과 흑인폭동은 발발하는가? 흑백갈등, 소수자 인권, 사회적 정의에 대해 행정학은 어떤 기여를 했는가? 미국사회에 무엇이 근본적 문제인가? 통계분석에 치중하는 행정행태주의는 이러한 사회의 근본적 문제에 과연 올바른 해답과 처방을 주었는가?

오늘날 한국사회에서도 이러한 문제들을 어렵지 않게 볼 수 있다. 다문화 가정의 자녀들의 집단 따돌림으로 인한 학교와 사회 부적응 문제나 어린이 대상 범죄의 증가, 다문화 가정, 외국인 노동자, 장애아동 등 사회적 약자보호 문제들은 단순하게 통계분석으로 연구될 수 있는 주제들일까? 단일민족국가임을 자부하던 대한민국에서 일전에는 찾아볼 수 없던 새로운 사회문제이며, 가치문제를 내포하고 있는 현상이다.

세계화와 정보화라는 새로운 환경 속에서 이러한 문제들을 방치하고 억누르기만 하다 보면 결국 60년대 미국처럼 폭동이 일어나 걷잡을 수 없는 사회문제로 번지지 말란 법도 없지 않다. 이러한 소수민족, 소외계층 보호야말로 진정한 가치판단이 필요한 문제라고 할 수 있겠다. 이러한 사회문제 해결을 위해서 통계분석도 필요하겠지만 보다 더 큰 가치판단과 신중한 논의가 필요하다.

이와 같은 맥락에서 왈도의 고민은 행정의 가치문제에 있었다. 즉 통계분석적 행정학 연구경향만으로는 사회의 근본문제를 해결할 수 없다는 데 있었다.

미래에 대한 열망은 사라지지 않는다. 빈곤은 사라지지 않았고, 도시슬럼문제도 해결되지 않았고, 흑인과 백인은 평등해지지도 않았다. 왜 이런 현상들은 도대체 왜 연이어 일어나는가? 왜 우리사회의 근본문제들은 해결될 기미를 보이지 않는 것인가? 나는 도대체 행정학자로서 그동안 무엇을 했는가?

대안: 행정에서 가치문제를 중시하는 신행정학에 대한 모색이 필요하다

왈도는 사회의 본질적 문제들이 연달아 일어나는 이유, 그리고 그러한 현상들이 줄어들 기미를 보이지 않는 근본 원인은 행정의 현실처방 능력의 결여 때문이라고 진단했다. 해결되지 않은 채 방치된 잠재적 문제들이 시간이 흐르자 수면 위로 떠오르게 되었던 것이다. 왈도는 자숙의 시간을 가지면서 시대적 소용돌이에 맞서 앞으로 행정학이라는 학문이 어떻게 변화해야 하고, 또 나아가야 할 방향은 무엇인지 모색하기 시작했다.

왈도는 마침내 1968년 9월, 본인의 주관하에 50명의 소장학자와 실무가들과 미노부룩에 모여서 회의를 개최하게 된다. 행정역사상의 한 획을 긋는 사건이 발생하는데, 적실성, 참여, 변화, 가치, 사회적 형평성 등에 기초한 행정학의 가치지향, 적극적 역할 등을 주문하는 새로운 대안을 내놓는다. 이를 행정학의 새로운 조류, 신행정학New Public Administration 운동이라고 부른다.

행정가의 입장에서 만일 가치가 행정과정에 개입된다면 어떤 가치들에 주목해야 하는가? 어떤 가치들을 강조해야 하나? 가치는 어떻게 내면화될 수 있는가?

행정연구에서 가치를 고려해야 한다는 것이 바로 민주주의 행정Democratic Governance에 대한 왈도의 신념이었다. 실증주의와 행태주의의 한계를 벗어버리고 이제는 보다 행정의 적실성 관점에서 가치와 윤리 문제를 중요하게 다뤄야 한다고 역설했다. 행정윤리Administrative Ethics는 개인차원의 윤리가 아닌 일종의 공공윤리 Public Morality라는 점을 강조하면서, 왈도는 공공윤리를 자신이나 가족, 또는 부족보다 광범위한 시민More Inclusive Populations에 대한 이익에 봉사하는 것으로 정의했다.

왈도와 가치중심의 신행정학

1972년 6월 17일, 워싱턴DC 워터게이트 빌딩에서 근무하고 있던 경비원은 건물 하부 주차장으로 난 문 위에서 기묘한 테이프가 묶여 있는 것을 발견했다. 경찰 조사가 행해지고, 이것이 도청장치인 것이 알려지면서 주요 일간신문에서도 대서특필하게 되었다. 닉슨 대통령 측은 사건 은폐를 위해 여러 시도를 했지만, 결정적 증거로서의 테이프일명 Smoking Gun가 공개됨에 따라 마지막까지 남아 있던 측근들도 그를 떠나게 되었다. 미국 하원 사법위원회에서 탄핵안이 가결된 지 4일 뒤인 1974년 8월 9일, 그는 결국 대통령직을 사퇴하게 된다. 왈도는 이러한 사건들을 바라보면서 행정학이 가치지향성을 지니고 정치권의 부도덕과 윤리문제에 더욱 적극적인 역할을 해야 한다고 주장하게 되었다. 또한 이 사건은 왈도 교수가 주창한 신행정학의 이론적·철학적 정당성을 더욱 공고하게 만든 계기가 되었다.

초점: 신행정학

키워드는 신행정학이다. 신행정학은 행태주의Behaviorism의 인식론적 근거인 논리실증주의 자세를 비판하고, 사회문제의 해결을 위해서는 적실성Relevance과 행동Action을 갖는 처방적 학문의 중요성을 강조하고 있다. 적실성 있는 행정학의 추구, 가치와 윤리의 중시, 실증주의Positivism의 극복, 공직자의 적극적 윤리를 강조했을 뿐만 아니라, 행정에서 주체가 아닌 객체로 보았던 시민의 참여

등을 통한 고객중심 행정도 추구했다. 당시로서는 매우 앞서나가는 미래지향적인 사고가 아닐 수 없는데, 행정의 적극적 역할을 강조한 것이라 볼 수 있겠다.

행정이란 무엇일까? '정치나 사무를 행함'이라는 단어적 의미에만 충실하면 되는 것일까? 중앙 또는 지방정부로 상징되는 국가기관의 정책을 기계적으로 집행하기만 하면 사회구성원들의 행복은 비례적으로 커져가는 것일까?

이는 한번쯤은 진지하게 생각해볼 문제인 것 같다. 사회는 단선적으로 이루어지지 않는다. 즉 너무나 다양하고 복잡하다는 것이다. 그런 까닭에 행정 또한 단선적이기보다는 복선적으로 이루어져야 한다. 그리고 그 과정에서 행정을 통한 궁극적 가치가 무엇인지 생각해 봐야만 한다. 행정을 통해 과연 어떤 가치를 창출할수 있을지, 그것이 단지 행정사무의 효율성 또는 정책집행의 능률성 차원에 머물 것인지, 그렇지 않으면 사회 구성원의 행복이나 인간의 존엄성이라는 보다 큰 가치를 지향할 것인지 말이다.

왈도의 생애사

과거 100년간 가장 훌륭한 정치학
자 리스트에 이름을 올리기도 한 왈
도Dwight B. Waldo는 1913년 9월 미
국 네브라스카 드윗에서 태어났다.
1935년 네브라스카 주립 사범대학
에서 학사학위를 받은 후, 1937년
네브라스카대학에서 정치학 석사학
위를 취득했다. 그의 석사학위논문의 주제는 영국의 정치학자 그래
험 왈라스의 사상에 관한 것으로 왈도는 이성과 감성의 통일에 대한
왈라스의 믿음을 받아들였으며, 사실과 가치의 불가분성에 대한 확
신을 예로 들어가며 설명하였다. 1942년 예일대학교에서 'Theories
of Expertise in the Democratic Tradition' 주제로 박사학위를 받
았고, 그의 박사논문은 『행정국가론』이라는 제목으로 후일 출판되
었다.

왈도는 미국 연방정부 예산국에서 전후 연방정부 조직재건을 위해
1946년까지 일하다가, 캘리포니아 버클리대에서 정치학 교수로 임용
되어 20년 동안 정치이론을 강의한다. 1967년 왈도는 시라큐스대학으
로 옮겨가 1979년까지 교수를 역임하던 중 세계적인 명성을 지닌
'Public Administration ReviewPAR' 미국행정학보의 편집장을 11년간
역임하게 되고, '시민정신과 공공문제를 다루는 맥스웰 스쿨'에서 초
대 앨버트 슈바이처 석좌교수를 거쳐 시라큐스대학 명예교수를 지낸
다.

1968년 미노부룩Minnowbrook 컨퍼런스의 최초의 후원자로서 젊은 행정학자들과 회의를 열고, 1971년에 그의 주장에 따라 이른바 신행정학New public administration을 전개시켰다. 미국 행정학회 멤버로서 정치와 행정과의 관계, 관료제와 민주주의의 관계, 그리고 보다 더 큰 사회 안에서의 행정의 위치에 관심을 가졌다. 1977년에 그는 PAR 편집위원직과 1979년에는 전임교수직에서 은퇴하였다. 퇴임한 후에 그는 워싱턴 D.C.에 있는 우드로 윌슨 국제센터에서 18개월간 펠로우십을 받았고, 2000년 서거할 때까지 워싱턴 지역에 거주하였다. 그의 서거 후에 맥스웰 스쿨의 로즈메리 오 리어리2001는 "마치 엘비스가 사망한 후와 같았다. 이제 왕은 죽었으며 그와 같은 사람은 다시 볼 수 없을 것이다"라고 이야기하였다.

주요 저서로는 『행정국가』The Administrative State, 1948, 『공공행정의 연구』The Study of Public Administration, 1955, 『격동기의 공공행정』 Public Administration in a time of Turbulence, 1971, 『공공행정의 기업』The Enterprise of Public Administration, 1980 등이 있다.

CHAPTER

IV

정책학의 탄생:
정책연구와 인간의 존엄성

정책학의 아버지, 라스웰(H. Lasswell) 이야기

앨리슨 정책모형의 주인공, 앨리슨(G. Allison) 이야기

정책분석의 기준을 제시하다, 윌리엄 던(William Dunn) 이야기

Chapter Ⅳ

정책학의 탄생: 정책연구와 인간의 존엄성

정책학의 아버지, 라스웰(H. Lasswell) 이야기

라스웰의 고민: 정책이 본질적으로 인류의 삶을 위협하면 어찌해야
하나?

라스웰H. Lasswell은 정책학을 창시한 학자다. 현대적 정책학은
1951년에 발표된 라스웰의 '정책 지향성'The Policy Orientation이란 논
문에서 시작되었다고 할 수 있다. 정책학이란 용어도 라스웰의 논
문으로부터 비롯된 것이다. 이 논문에서 라스웰은 정책학의 정의
를 '정책형성과 정책집행을 설명하는 데 관심을 가진 학문임과 동
시에 정책문제와 관련이 있는 자료의 수집과 해석에 관심이 있는
학문'이라고 하였다. 즉, 정책학은 현대사회의 변화과정 속에서
발생하는 사회문제들에 대한 해결에 초점을 두어야 한다는 점을
강조한 것이다.

당시 미국에서는 사회과학연구에 있어 실증주의적 접근^{행태주의}이 유행하고 있었다. 행태주의는 가치와 사실을 양분하여, 가치문제는 정치적 판단에 맡기고 사실문제만을 그 연구대상으로 하여 행정학 연구의 과학성을 제고해야 한다는 연구흐름을 의미한다. 특히 행정행태에 초점을 맞추어 경험적으로 검증할 수 있는 자료를 토대로 엄격한 측정이 필요하다고 하여 계량적 방법이 강조되었다. 합리성과 규칙성을 전제로 자료의 경험성, 객관성, 재생 가능성 등을 강조하였다. 이를 철학적으로는 논리적 실증주의라고 부르기도 한다.

이러한 특징을 갖고 있던 행태주의는 나름대로 행정학의 과학화에 기여하였으나, 연구의 대상이나 범위, 방법 등을 너무나 제약하였다. 또한 관찰 가능한 변수만을 연구하고, 기술과 방법에 치중하여 행정의 본질을 무시하고 형식논리에 빠지는 오류를 낳았다. 특히 가치와 실천으로서의 행정학과 초합리적인 신념, 직관 등의 인간의 잠재력을 무시하고 인간행태의 규칙성에만 관심을 기울임으로써 정작 중요한 사회의 근본적 문제해결에는 취약한 방법론이 되고 말았다.

지식이 사회문제를 개선하는 실용적인 도구가 되려면 연구문제를 선정함에 있어 가치문제를 회피해서는 안 될 것이다. 인권의 문제, 사회복지와 정의의 문제, 사회적으로 소외된 자들의 삶, 사회변동과 혁명의 문제, 사회적 갈등문제와 같은 것은 우리 사회의 근본적 문제라고 할 수 있는데, 이들은 대부분 단순한 통계분석으

로 연구될 수 있는 주제라기보다는 복합적 처방이 필요한 문제들
이다. 라스웰이 했던 고민도 이러한 것들이었다.

지식과 이론의 목적은 무엇일까? 지식이라면 마땅히 인간의 존엄을 향상시키
고 인간의 삶의 조건을 개선하는 데 사용되어야 하지 않을까? 학문에서 이러
한 목적지향적 가치를 배제한 단순한 실증주의접근은 문제의 본질을 회피하
는 것이 아닐까?

우리 사회의 모순을 극복할 수 있는 근본적 문제란 무엇일까? 단순한 통계분
석 위주의 실증주의를 넘어 사회의 모순을 극복하고 인간의 삶 자체를 증진시
킬 수는 없을까?

라스웰은 연구방법론에 있어서는 행태과학적 접근에 깊은 뿌리
를 두었으나, 그 관심은 방법론에 매몰되어 있던 다른 연구자들보
다 한 걸음 더 나아갔으며, 실제 사회의 본질적 문제를 해결하는
것이 중요하다고 보았다. 특히 계량화만 강조하는 실증주의적 학
풍으로는 당시 미국이 직면한 근본적인 문제, 예컨대 인권의 문제,
소외된 자들의 문제, 사회 변동과 혁명, 혹은 체제 질서 차원의 문
제들을 해결하기 어렵다고 보았다. 그래서 근본적 가치의 문제들
을 고민하기보다는 계량화가 손쉽게 가능한 문제들과 데이터Data
분석에만 집착하는 실증주의 조류에 회의를 느끼게 되었다.

이때 라스웰을 더 큰 충격에 빠뜨린 세기적인 사건이 발생하게
되는데, 그것은 1945년 8월 미국의 트루먼 대통령이 내린 일본 히

로시마와 나가사키에 대한 원폭투하 명령이었다. 그야말로 한 국가의 정책결정으로 인해 크나큰 충격과 실존적인 고민에 빠졌던 것이다.

한 국가의 선택이 그 국가를 위해서는 최선이라 할지라도 인류의 삶 자체를 위협한다면 그것은 과연 바람직한 일일까? 정책결정이 인간을 위한 결정이 될 수는 없을까? 그러려면 어떻게 해야 하나? 국가이익과 민족이익을 위한 정책결정을 넘어 인간의 존엄성을 위한 학문체계를 세울 수는 없을까? 단순한 권력자를 위한 제왕적 정책학을 넘어선 민주주의 정책학이란 불가능한 것일까? 인간의 존엄이라는 가치를 근본이념으로 삼는 학문체계의 구성은 어떻게 해야 할 것인가?

쉬어가는 코너 · 라스웰과 일본 원폭투하 사건

제2차 세계대전이 끝나갈 무렵 미국이 일본에 인류 역사상 최초의 원자폭탄을 투하하는 엄청난 사건이 발생했다. 1945년 8월 6일 오전 8시 15분경, 폴 티베츠 대령은 원자폭탄 '리틀 보이'를 투하한 것이다. 원폭이 투하된 후 2개월에서 4개월 동안 히로시마에서는 90,000명에서 166,000명에 이르는 사망자가, 나가사키에서는 60,000명에서 80,000명에 이르는 사망자가 집계되었다. 이 원폭투하 사건은 최단기간에 수많은 사망자를 발생시킨 것으로 평가되었고, 심지어 그 사망자 중 대부분은 보통 시민들이어서, 지금 생각해봐도 엄청난 역사적 사건이라고 할 수 있다. 라스웰이 왜 이 사건을 통해 충격을 받았는지, 또한 한 국가의 정책결정이 몰고 올 엄청난 파장과 인간의 존엄성의 참 의미가 무엇인지를 진지하게 고민하게 되었는지를 알 수 있게 해 주는 것 같다.

대안: 인간의 존엄성을 위한 결정을 할 수 있는 방안을 연구하자

라스웰은 1951년 '정책 지향성'The Policy Orientation이라는 논문에서 이러한 고민을 토로하고 있다. 이러한 고민에 대해 그가 찾은 해답은 인간의 존엄성을 구현하는 민주주의 정책학의 창시였다. 즉, 그는 민주주의 정책학에서 인간의 존엄성의 실현이 학문의 궁극적 목표가 되어야 하며, 이러한 윤리와 가치문제를 정책연구에서 적극적으로 다루어야 한다고 주장했다.

라스웰은 정책학을 개념화할 때 먼저 궁극적 목적을 정하였으며, 이를 실현하기 위한 몇 개의 단계로 목적을 계층화하였다. 그런데 여기서 중요한 것은 이런 각각 상위 목적과 하위 목적들이 분리되어 존재하는 것이 아니라, 하위 목적들은 상위 단계와 유기적으로 결합하여 인간의 존엄성 실현이라는 하나의 궁극적 목적으로 나아간다는 것이 핵심이다. 곧 하위 목적은 그 자체적으로 자기 단계의 목적 달성만을 추구하는 것이 아니라, 상하위 단계의 전체 맥락 속에서 파악되어야 한다는 것이다.

이렇게 정책학의 목적구조를 하나의 전체로서 파악하는 것은 종합적-유기체적 관점이라고 할 수 있다. 현실에서는 보통 최상위의 정책학의 이상은 정책학이 가고자 하는 궁극적인 방향이지만, 이것이 너무 추상적이고 포괄적이기 때문에 실제로 정책을 연구하는 데 있어서 소홀히 하기 쉽다. 그리고 오히려 실질적이고 현실적인 문제인 근본문제의 해결보다 하위 단계인 과학적 정

책 과정 연구에만 집중하여 원래 정책학이 지향하고자 했던 방향을 잃게 되기 쉽다. 이것은 정책학의 목적을 현실적으로 실현하기 위해 계층화시킨 목적구조가 오히려 정책학의 이상을 현실 정책 연구에서 분리시켜 정책학의 목적을 왜곡시킬 수 있음을 의미한다.

따라서 정책학의 이상, 궁극적 목적을 향하여 하위 단계의 목적들이 유기적으로 결합할 수 있도록 해주는 종합적-유기체적 관점이 정책 수립에 있어서 중요하다고 할 수 있다. 정책 수립 시에 종합적-유기체적 관점이 얼마나 중요한지는 일반적인 정책 수립 과정을 생각해 보면 쉽게 이해할 수 있을 것이다. 만약 빈부 격차의 해소라는 상위 목적을 정하고 다원론적 관점에서 정책을 수립한다면 이 상위 목적은 보다 높은 차원의 궁극적인 목적인 민주주의의 평등성이나 인간 존엄성 등의 전체 속에서 파악할 수 있다. 이렇게 되면 궁극적 목적에 의해 상위 목적인 빈부의 해소의 정확한 방향이 정해지고, 빈부격차 해소의 하위 목표 역시 정해진 기간 동안 달성할 수 있는 실행목표를 통하여 구현해 나갈 수 있게 된다.

정책학은 현실세계의 문제해결에 깊은 관심을 두는 실용적인 접근을 취해야 하며, 현실의 근본적인 문제해결을 위해서는 맥락지향적 접근과 연합학문적 접근이 필요하다고 보았다. 사회문제를 해결하기 위해서는 통계분석뿐만 아니라 인간의 삶을 개선시키기 위한 다양한 학문방법을 동원해야 한다는 학문의 흐름을 의미한다. 예를 들어, 포로수용소에서의 삶과 인권을 개선시키기 위한 방안을 연구한다면 포로수용소의 법률과 행정뿐만 아니라 인류학적, 심리학적 방법도 동원하여 포로들의 열악한 삶의 조건과 현실에 처한 그들의 심리를 고려한 연구가 되어야 한다는 것이다. 따라서 단순한 통계분석뿐만 아니라 때로는 관찰조사, 현장면접, 사례연구와 같은 방법들을 통해 종합적인 해결책을 구해야 한다고 주장하였다. 학문과 이론 그 자체를 위한 연구나 학문은 중요하지 않다고 보았고, 사회문제의 해결이나 사회제도의 개선을 통해 사회공동체 속의 인간들의 삶의 조건이 개선될 수 있는 연구가 많이 필요하다고 보았다.

초점: 민주주의 정책학

키워드는 민주주의 정책학이다. 라스웰은 자신이 제창한 정책학의 학문체계를 민주주의 정책학Policy Science of Democracy이라고 명명하면서, 과거 그리스 로마 제국에서부터 있었던 제왕이나 일국의 통치자를 위한 정책결정과는 차별화시켰다. 정책은 과거 2,000년 전 고대 그리스 로마제국에서부터 있었지만, 그때의 정책학이 제왕이나 일국의 통치자를 위한 정책학이었다면, 자신이 제창한 인간의 보편적 존엄성을 위한 학문은 민주주의 정책학이라는 것이다. 그런 의미에서 정책학은 '오랜 역사, 짧은 과거'Long History but Short Past를 가진 학문체계라고도 부른다. 또한 한 국가의 정책결정이 국가이익이나 민족이익에는 부합한다고 할지라도, 그

것이 진정 인류의 보편적 생존을 위협한다면 그건 민주주의 정책 결정이라고 부를 수 없다고 주장하였다.

정책학의 궁극적 목적은 '인간 존중의 실현'이라 앞에 밝힌 바 있다. 정책을 만들고 시행하고 검증하고 수정·보완하는 일련의 과정들이 모두 '인간 존중의 실현'에 바탕을 두고 있는 것이 핵심이다. 라스웰은 정책학이 정책에 대한 과정뿐만 아니라 정책의 내용에 대한 연구를 통해 인간의 존엄성을 충분히 실현시키는 학문으로서의 이상을 꿈꾸었던 것이다.

오늘날 정책의 중요성이 강조되고 많은 분야에서 정책연구가 활발하지만 과연 실제 정책연구가 라스웰이 제시했던 근본적인 이상향인 인간의 존엄성 실현에 얼마나 부응하고 있는지 의문스럽다. 국가의 정책을 수립할 때는 문제 해결에 따른 가치와 이념을 고려해 보아야 하는데, 실제 정책결정은 정책학의 목적이나 이상인간의 존엄, 민주성, 당위성을 분명하게 생각해 보지 않고 현실 편의적인 사고에 치우쳐 우를 범하는 경우가 빈번한 것 같다. 또한 국가 이익이나 민족 이익 앞에서 어느 한쪽의 이익에만 치우쳐 다소 주관적인 결정이 이루어지지 않을까도 걱정이 된다. 작고하신 라스웰이 이러한 사실을 안다면 한탄스러워하지 않을까? 이런 문제점과 걱정이 없는 올바른 정책 수립인간의 보편적 존엄을 추구하는 정책학의 목적을 위해서는 먼저 정책학의 목적과 이상을 분명하게 인식하고, 정책연구자와 정책담당자 모두 목적지향성에 부합하는 노력을 경주해야 할 것 같다.

라스웰의 생애사

라스웰H.Laswell은 1902년 2월 13일 일리노
이 주Illinoi의 도넬슨Donelson에서 태어났다.
라스웰의 부모는 교육열이 아주 높아 라스웰
이 공부의 중요성을 깨닫게 하여 학자의 길
을 가게 한 결정적 원인이 되었다. 라스웰은
고등학교 때부터 두각을 나타내어 친구들 사
이에서 천재로 통했으며 교내 신문의 편집장을 지내면서 수석으로
졸업하였다. 16세에 시카고대학의 장학생으로 입학했던 라스웰은
1926년에 박사학위를 받았다. 1926년 시카고대학에서 박사학위를
취득한 후 대학에서 조교수를 거쳐 교수가 되었고 국회 도서관 연구
부장과 사법부·국무부 고문 등을 지낸 뒤 1946년 예일대학 법학부
교수를 역임하였다. 그 밖에도 명예교수로, 해외 명문 대학의 객원교
수로 활동하였으며 수차례 정부 기관의 고문으로도 일하였고 미국의
정책결정에 상당한 영향력을 가지고 있었다.

그는 결혼도 하지 않고 평생을 학문에만 매진하였다. 밀리컨대학의
사회과학 교수를 시작으로 시카고대학, 콜럼비아대학 그리고 예일대
학에서 교수생활을 하면서 많은 논문과 저서를 출판하였다. 그의 최초
의 저서는 『정신병리학과 정치학』이었는데, 이는 그가 프로이트Freud
에게서 많은 영향을 받았음을 보여 준다. 그리고 그의 이러한 경향은
심리학자로 이름난 시카고대학의 메리엄C. F. Merriam의 제자였기 때
문이다. 따라서 라스웰은 정치학자, 심리학자, 사회학자로 불린다.

라스웰은 미국 정치학에 행태주의를 도입한 메리엄 교수로부터 영

향을 받았을 뿐 아니라 1920년대에 형성된 비엔나Vienna 학파의 거장으로 논리실증주의를 미국에 도입한 카르납R. Carnap 교수로부터도 많은 영향을 받았다. 행태주의나 논리실증주의는 그 접근법에 있어서 자연과학과 거의 비슷하다고 할 수 있다.

행태주의나 논리실증주의는 형이상학보다는 실증주의를 강조하는데, 따라서 이론의 설명에 있어서도 가정의 설정, 현장관찰, 자료수집, 통계학의 원용, 체계분석 등의 자연과학적 연구방법을 중요시한다.

그러나 라스웰은 과학적 접근에 영향을 많이 받았음에도 불구하고 단순히 거기에 안주하지 않았다. 그는 정치행위자가 추구하는 가치를 복리Wellbeing, 부Wealth, 기술Skill, 계몽Enlightenment, 권력Power, 존경Respect, 애정Affection, 청렴Rectitude의 8가지로 분류하였다. 이러한 가치가 다수의 시민에 의해서 달성되면 인간의 존엄성은 증가되고 그것이 바로 민주주의의 실현이라고 라스웰은 인식했다. 과거 정치사상가들이 추상적으로만 언급했던 자유, 정의, 민주주의라는 가치를 보다 과학적이며 체계적으로 정립하려고 한 데서 라스웰의 학문적 업적을 발견할 수 있는 것이다.

라스웰은 여덟 가지의 가치를 바탕으로 해서 정치, 사회, 경제현상을 설명하고자 했다. 그러한 가치들이 어떻게 조성되고 배분되는가에 따라서 정치체제와 사회체제의 성격이 결정되고, 가치들의 배분과정에서 나타나는 분쟁과 갈등 그리고 알력이 바로 정치과정이라고 하였다. 형태주의와 논리적 실증주의의 영향을 받은 라스웰은 기존의 사회과학자들이 권력과 부라는 가치의 조성과 배분만을 연구할 것이 아니라 다른 가치들의 조성과 배분도 연구하여야 한다고 주장하였다.

라스웰의 정책과학Policy Science은 실증주의의 도입으로 탄생하였다. 실증주의의 도입은 '정책'과 '과학'의 양자를 동시에 연구하게 했던 것이다. 즉 어떤 일정한 가치판단 위에 그 가치목표의 실현을 기하는 정책과, 사상의 객관적 인식을 지향하는 과학이 결합된 것이 정책과학이다.

정책과학의 대두는 과학이 어디까지나 가치중립적이어야 한다는 종래의 견해에 대해 반성하게 하였다. 이를 학자들은 탈실증주의라고 부른다.

과학자에게 있어서 지식이란 그 자체가 가치를 지향하는 지적 활동의 결과이다. 인식은 인간에게 있어서 기본적인 것이지만, 과학적 활동을 통해 동시에 다른 여러 가치의 형성과 향상을 이룰 수 있는 것이다. 라스웰은 미국식 자유주의에 입각하여, 정책결정을 인간의 제 가치 추구에 의해 이루어지는 사회과정 전체 속에서 이해하였고, 사회 전체를 위한 공공정책의 가치 추구를 민주주의에서 찾았으며, 이런 관점에서 과학이 정책에 봉사할 수 있을 것으로 믿었다. 이를 그는 민주주의 정책학Policy Science of Democracy이라고 불렀다.

정책과학의 가장 중요한 특징은 현대의 인문·사회·자연과학의 수법과 연구성과를 다원적으로 구사하면서연합학문지향성, 이를 토대로 현대 사회에 존재하는 체계적 질서 차원에서 존재하는 근본적 문제 해결을 통해 민주주의와 인간의 존엄성 향상을 도모해야 한다고 보았다. 메리엄은 1920년대 정치학의 새로운 발전의 길을 여러 사회과학의 종합에서 찾았고, 그 제자인 라스웰이 정치학의 본질을 여러 과학의 종합으로서의 정책학 속에서 찾아내었던 것이다.

현대에 있어서의 정부기능의 확대는 전문적·종합적·장기적 공공정책의 수립을 필수적인 것으로 요구하고, 사회의 발전과 복잡성은 새로운 많은 사회문제를 발생시킴에 따라 다양한 분야의 전문가들이 정책과정에 참여할 것을 요구받기에, 라스웰의 이러한 문제지향성·맥락지향성·연합학문지향성에 기초한 실용주의적 접근은 정책학이라는 독창적 패러다임의 정립과 함께 현대 사회과학 학술사에서 매우 지대한 공헌을 한 것으로 평가된다.

　　라스웰은 1978년 12월 18일 뉴욕에서 생을 마감하였다.

앨리슨 정책모형의 주인공, 앨리슨G. Allison 이야기

앨리슨의 고민: 한 국가의 정책적 결정이 왜 국익과 다른 방향으로 결정되는 것일까?

쿠바 미사일 위기에 대해서 들어 본 적이 있는가? 이 사건은 떠올리는 것만으로도 온몸에 소름 돋는 사건이었다. 왜냐하면 그것은 핵무기로 무장한 미국과 소련이 세계를 핵전쟁의 위기로 몰고 갈 그런 사건이었고, 인류 전체 생명을 담보로 한 도박이었기 때문이다. 때는 1962년 10월이었다. 미국의 U-2 정찰기는 소련이 비밀리에 미국에서 불과 120여 킬로미터 떨어진 쿠바에 사정거리 1,700~3,500킬로미터의 핵탄두를 탑재할 수 있는 중거리 탄도 미사일 기지를 건설 중인 것을 발견하였다.

케네디 대통령은 즉각 미국 군사안보회의를 소집하고 백악관 지하 벙커에서 비상준비 체제에 돌입했다. 정상 업무를 중단하고 비상사태를 선언한 케네디는 수일간의 고민 끝에 전면 공격태세를 갖춘 다음 쿠바에 대한 해상봉쇄령이라는 초강수 명령을 내렸다. 동시에 소련의 당서기장 흐루시초프에게 쿠바로부터의 어떠한 미사일 발사도 미국의 소련에 대한 전면적 보복 공격으로 이어질 것이라고 경고하고, 24~48시간 이내에 미사일을 철수할 것을 요구하는 최후통첩을 띄웠다. 이에 질세라 흐루시초프는 미국의 해상봉쇄는 세계를 핵전쟁으로 끌고 갈 공격적 행위라고 지적하였고, 계획대로 미사일을 실은 소련의 핵항공모함들이 쿠바로 향해 미국의 해상봉쇄선에 접근하였다. 그야말로 일촉즉발의 세계 핵대전 발발 직전 상태였다.

미소 핵무기가 대치하는 세계 초유의 긴장된 몇 시간이 흐른 뒤 소련 핵항공모함들은 미국과의 직접적인 군사적 충돌을 피해 뱃머리를 돌렸다. 그 후 곧바로 흐루시초프는 쿠바의 미사일 기지를 폐쇄하였고, 이렇게 13일간 위기 상황은 종식되었다.

쉬어가는 코너 앨리슨과 쿠바 미사일 영화 'D-13' ·······················

혹시 'D-13'이라는 영화는 들어 보았는가? 1962년 10월 16일부터 28일까지 13일간 발생하였던 쿠바 미사일 위기를 소재로 다룬 영화다. 당시 미국의 존 F 케네디 대통령과 소련의 흐루시초프 공산당 서기장이 냉전시대를 이끌고 있었는데, 이 사건은 소련이 미국 바로 옆에 있는 쿠바에 핵탄두 미사일을 배치하려고 시도했던 것이었다. 앞서 말했듯 핵전쟁이 발발할 수도 있었던 국제적 위기 상황이었다. 영화 'D-13'은 미국과 소련이 대치하던 13일간의 긴장이 잘 표현되어 있다. 영화는 어쩌면 단 13일이 아닌 냉전시대의 미소 관계를 잘 보여 주는 기록이라고도 할 수 있다. 당시까지의 미국 정부 분위기와 권력 다툼, 정책결정과정이 잘 나타나 있다. 미국에서 쿠바 미사일 위기가 보고되었을 때, 그 대안으로 (1) 쿠바 기지를 공군력으로 격파하는 것, (2) 해상봉쇄를 하는 것, (3) 터키 미사일 기지를 없애는 것을 조건으로, 소련과 협상을 벌이는 것에 대하여 미국 정부의 정책결정과정을 생생하게 영화로 보는 것도 재미있을 것이다.

당시 케네디 대통령의 결정에 흐루시초프가 충돌할 확률은 50%에 육박한 것으로 전문가들은 평가했다. 그만큼 절박한 상황이었고, 확률이 그렇다면 그것은 도박이었다. 그것은 바로 세계 초유의 핵대전으로 이어질 수 있었던 아주 위험한 승부였다. 당연히 정치인 케네디 대통령의 미래의 위신과 정치적 지위도 걸려 있었다. 그런 만큼 케네디로서도 고민 끝에 도박을 감행했던 셈이다.

소련은 왜 쿠바에 공격용 전략 미사일을 배치했을까? 미국은 왜 소련의 쿠바 항로에 해상봉쇄선을 설치하는 것으로 응수했던 것일까? 소련은 왜 결국 미사일을 철수했을까?

앨리슨G. Allison은 쿠바 미사일 사태의 이러한 의문점들을 학술적으로 풀고자 했다.

대안: 합리적 행위자 모형을 넘어선 정책결정모형을 제시하자

앨리슨은 개념적 틀 또는 안경을 바꾸어 끼면 세상이 분명히 달라 보인다는 점을 증명하려 했고, 세 가지의 정책결정모형을 제시하였다. 기존의 국가 행위자를 단일체로 보는 시각을 넘어 국가 행위자를 보다 세분화해서 정부조직의 결합체, 정치행위자의 전략적 연합에 의한 결정모형을 제시하게 된 것이다. 그것이 바로 유명한 앨리슨 I, II, III 모형으로서 합리적 행위자 모형, 조직과정모형, 관료정치모형을 의미한다. 합리적 행위자 모형Model I 은 정부를 잘 조정된 유기체로 간주하고, 조직과정모형Model II 은 정부를 반독립적인 하위조직들이 느슨하게 연결되어 있는 집합체로 간주하며, 관료정치모형Model III 은 서로 독립적인 정치적 참여자들의 개별적 집합체로 간주하는 것을 말한다.

전문가를 비롯한 많은 사람이 외교 및 군사정책을 생각할 때 묵시적이지만 일종의 개념적 모형에 비추어 생각하고, 그것은 그들 사고의 내용에 중요한 영향을 미치고 있다. 그리고 대부분의 분석가는 정부의 행위를 합리적 행위자 모형(Model I)의 관점에서 설명하고 예측을 한다. 그러나 조직과정모형(Model II)과 관료정치모형(Model III)을 추가하게 되면 설명과 예측을 향상시킬 수 있을 것이다!

Allison 모형 I: 합리적 행위자 모형(Rational Actor Model)

제1모형은 합리적 행위자 모형이다. 이 모형은 국가는 단일의 행위자들이며 그들은 합리적 결정을 한다고 가정을 한다. 케네디와 그의 보좌관들은 처음부터 합리적 행위자 모형에 근거한 분석을 시도했다. 쿠바에 대한 지상군 공격, 미사일 기지에 대한 공중폭격, 해상봉쇄, 외교협력 등 다수의 대안을 모색하였다. 이들 각 대안은 미국인의 잠재적 인명 피해, 금전적 비용, 국내외 정치에 미칠 영향 등을 기준으로 비교 평가되었다. 이러한 종합적 고심 끝에 케네디는 해상봉쇄와 소련에 대한 경고가 가장 신중한 조치라는 결론을 내렸다. 합리적 선택 모형은 일단 전체적 관점에서 케네디의 이러한 의사결정과정을 바라볼 수 있는 통찰력 있는 렌즈를 제공한 셈이다.

합리적 행위자 모형은 1) 국제 문제를 설명하는 데 있어 설명의 대상은 목적 지향적이라는 것, 2) 이와 같은 행동을 하는 주체는 국가, 3) 국가의 결정은 전략적 문제에 대해 합리적 해법으로 선택된 것이라는 전제에 기초하고 있다. 이를 통해 합리적 행위자 모형은 정부를 의인화擬人化하여 국가의 목적과 그 목적을 달성하기 위한 행위에 초점을 두고, 국가의 정책결정을 하나의 합리적 선택인 것으로 간주한다. 하지만 이 모형은 실제로 행위자가 단일한 국가가 아닐 수도 있고, 정부 내에 포함된 여러 관계부처 간의 의견 조율 과정에서 나타날 수 있는 조직현상을 간과하게 된다는 약점이 있다.

Allison 모형 Ⅱ: 조직과정모형(Organizational Process Model)

제2모형은 조직과정모형이다. 이 모형은 정부의 행위는 합리적 행위자의 의식적인 선택이 아니라 거대한 조직들이 미리 규정된 행위패턴에 따라 작동한 일종의 산출産出이라 본다. 정부는 여러 개의 조직으로 이루어져 있고, 각 조직은 각각 서로 다른 표준행동절차SOP: Standard Operating Procedures와 프로그램 행동양식Program Repertoires을 갖추고 있다고 간주한다.

국방장관은 밀착 방어가 미국과 소련간의 대결 위기를 감소시킬 수 있다고 믿었고 해상봉쇄선을 쿠바 해안 가까이 설치하기를 원했다. 그러나 해군의 SOP에 의하면 해안에서 500미터 떨어진 곳에 봉쇄선을 설치하도록 되어 있었다. 이는 멀리 위치한 봉쇄선은 해안으로 향하는 선박들을 중간에 가로막을 수 있고, 적대적인 해상세력을 멀리 내몰 수 있으며 본토로부터 공중공격을 교란시킬 수 있는 공간을 확보하기 위한 것이었다. 국방장관이 밀착봉쇄를 명하였지만 해군은 명령에 따르지 않았고 해군 SOP에 의해 결정된 셈이다.

Allison 모형Ⅲ: 관료정치모형(Bureaucratic Politics Model)

제3모형은 관료정치모델이다. 이것이야말로 앨리슨이 했던 고민의 핵심이었다. 이 모형은 핵심관료들이 정책결정에 연계되며 그들 각각의 선호는 소속기관과 연관성이 있음을 강조한다. 서로 당기는 힘이 균형을 이루어 어느 특정 집단의 입장과 무관한 결과가 도출될 때도 있다고 본 것이다. 쿠바 미사일 위기 기간 동안 국방성을 비롯한 많은 집단이 의사결정과정에 참여하였고, 각 기관의 대표들은 공식적 역할과 소속기관의 이해관계에서 기인된 상이한 시각과 선호를 가졌던 관계로 상호 간 심한 줄다리기가 전개되었다. 이 과정에서 공중폭격Surgical Strike과 같은 과격한 방안들도 제시되었으나, 결국 맥나마라 국무장관과 케네디 대통령 동생이자 법무장관이었던 로버트 케네디가 대통령을 설득하여 온건한 해상봉쇄로 최종결정을 유도하게 되었다. 참여자들은 협상 과정에서 상호 전략적 연합전선을 구축하였고, 해상봉쇄는 이들

간의 갈등과 타협의 산물이라 할 수 있다.

관료정치모형에는 단일 행위자가 아니라 각자가 선수인 많은 행위자가 있고 이들은 여러 개의 게임을 동시에 벌이는 것이다. 국가이익이라는 이름으로 일관성 있는 이익구조를 가진 것이 아니라 각자가 생각하는 국가이익, 조직이익, 개인이익에 따라 경기하는 것이다. 정부의 결정은 서로 밀고 당기는 게임의 결과이고, 이것이 정치의 본질이다.

관료정치모델은 정책결정과정의 역동성과 현실 정치의 실상을 보다 효과적으로 전달해 주기 때문에 다른 모형들에 비해 상대적으로 설득력이 크다. 그러나 어느 한 모형의 우수성을 옹호하기보다 정책결정과정 전체를 진단하기 위해서는 다른 모형과 개념적 렌즈가 필요하다는 것이 앨리슨 교수의 논점이라고 할 수 있다.

초점: 정책결정의 본질

키워드는 정책결정의 본질Essence of Decision 이다. 앨리슨은 정책결정의 틀과 과정은 일종의 동심원을 그리고 있는 것으로 볼 수 있다고 했다. 정책결정의 본질은 동심원상 하나의 원 속에서 때로는 원과 원을 넘나들면서 서로 논쟁하고, 폭로하고, 속이고 후회하고, 또 협상하면서 문제를 풀어나가는 과정은 예쁘게 보자면 한 폭의 예술이라고 아니할 수 없다는 것이다. 제1모형은 큰 틀을 그리고, 그 틀 속에서 제2모형은 정보와 대안과 행동을 생산하는 조직의 절차를 그리고, 제3모델은 정부를 이루는 핵심 인사들이 그들의 서로 다른 인식과 원하는 바가 어울리며 빚는 정치적 과정의 세부를 그려 넣게 된다.

쿠바 미사일 위기 전 과정을 추적하면, 이 책의 헌사에서 밝힌 케네디 대통령의 말, 즉 '결정의 에센스는 누구도 알 수 없다'는 그 말이 옳음을 인정하지 않을 수 없다. 궁극적인 결정의 에센스를 이해하기 위해서는 추적할 수 없는 것을 추적해야만 하는 것이다.

쿠바 미사일 사태의 교훈 중 가장 흔히 인용되는 것들은 제1모형식 분석에서 도출되는 것이다. (1) 미국과 소련이 핵전쟁을 벌이면 곧 자멸이나 다름없기 때문에 어느 나라도 전쟁을 선택하지 않을 것이고 따라서 핵전쟁의 가능성은 높지 않은 것, (2) 당시 미국이 압도적인 전략적 우위를 누리고 있었기 때문에 미국은 핵전쟁으로 확산을 두려워하지 않고 해상봉쇄와 같은 군사행동을 취할 수 있었다는 것, (3) 쿠바 미사일 사태에서 보듯이 핵위기의 관리는 가능하다는 것이다. 왜냐하면 사활적 문제가 걸려 있는 상황에서, 양국 지도자는 문제의 핵심과 대안을 냉정하게 고려해 전쟁이 아닌 방법으로 분쟁을 해결할 것이기 때문이다.

그러나 제2, 제3모형은 제1모형에서 보면 명백히 불합리한 결과이며, 따라서 양국이 핵전쟁의 구렁텅이로 빠질 리 없다는 확신에 경종을 울리고 있는 것도 사실이다.

제2모형에서 얻을 수 있는 교훈은 무엇인가? 1962년의 미국과 소련 정부와 같은 거대한 조직체 간의 핵 대결 결과는 우연에 의해 결정될 수 있다는 것이다. 당시 상황에 대해 지도자들이 가지고 있던 정보와 판단은 객관적 사실만이 아니라 조직의 능력과 절차를 반영하고 있다. 지도자들이 가지고 있었던 선택의 폭은 객관적으로 보기보다 훨씬 좁았다. 선택의 집행은 표준행동절차SOP가 지닌 경직성을 결코 피할 수가 없었다. 조직 간의 업무 협조와 조정 과정, 그리고 그 과정에서 필연적으로 발생하는 조직 간 갈등은 국가최고 지도자의 요구와 기대에 결코 미치지 못했다.

아… 그렇다면 처방은 무엇일까? 위기가 닥치기 전에 주요 조직들의 절차에 주목하여 위기가 닥치면 조직들이 필요한 기능을 제대로 수행할 수 있도록 해야 한다. 위기가 닥치면 무엇보다 조직들에 대한 통제와 조정이 필요하지만 조직에 대한 통제와 조정은 극히 어렵기 때문이다. 또 여러 조직의 안전절차, 혹은 각 조직의 여러 안전 절차가 서로 마찰을 일으킬 수도 있다. 따라서 위기는 사전에 '예방'해야 한다!

그렇다면 제3모형에서 얻을 수 있는 교훈은 무엇일까? 핵전쟁이 불가능하다든가, 핵위기를 관리할 수 있다는 믿음의 근거는 더욱 약해진다. 당시 미국의 지도자가 취할 수 있는 대안은 여러 가지였다. 수일간의 숙고 끝에 해상봉쇄가 선택되었지만 그 대안의 등장과 선택은 결코 확실한 것이 아니었다. 미국 정부의 지도자들은 핵전쟁의 위험이 높은 줄 알면서도 그러한 행동을 선택할 수 있었고예컨대, 선제공격 혹은 공중폭격과 같은 과도한 조치들, 따라서 국가위기를 관리하는 과정은 모호하고 위험하며, 백악관이나 크램린 내부의 잘 알려지지 않은 게임으로 인해 전쟁, 심지어 핵전쟁도 일어날 수 있다는 것을 기억해야만 한다.

앨리슨의 고민을 통해 우리는 외교정책이론은 국제정치이론의 본질적이고 불가분한 부분이라는 것을 알게 되었다. 그리고 우리는 우리에게 사건을 분석하는 하나의 렌즈가 아닌 여러 가지의 렌즈가 존재한다는 것도 잊지 말아야 한다. 합리적 행위자 모형은 한 국가가 처한 객관적 상황과 그 국가의 목표에 대한 전략적 선택이라는 관점에서는 매력이 있지만, 이는 구체적 맥락에서 발생하는 구체적 사건과 이유에 대해서는 설명할 수 없다. 국가 행위자 내부의 여러 가지 요소와 또 그와 맞물리는 외부적 상황 간 전략적 상호 작용에 관해서도 관심을 기울여야 한다.

자, 이제 앨리슨의 렌즈를 통해 남북 간 분단과 대치 상황이 지속되고 있는 한반도의 위기를 한번 고민해 보면 어떨까?

앨리슨의 생애사

앨리슨Graham Tillett Allison은 미국의
정치학자로 미국 하버드대학교 케네디
스쿨의 교수이자 벨퍼과학 국제문제연
구소 소장이다. 1940년 3월 태어난 앨
리슨은 노스캐롤라이나 샬롯에서 자랐
다. 그는 데이비슨대학Davidson College
을 거쳐 1962년 하버드대학교에 역사

학으로 학사를 마치고 영국 옥스퍼드대학교를 마샬 장학생으로 다녔
다. 그는 철학, 정치, 경제에서 최우수졸업생 상을 수상하며 석사학위
를 마쳤다. 다시 하버드대학교로 돌아와 1968년 정치학 박사학위를
받았다. 그 후 하버드대학교 정치학과Department of Government에서
1968년 전임강사를 거쳐 1970년 조교수, 1972년 정교수로 현재까지
약 40년 넘게 그의 학술적 커리어career를 하버드에서 보내고 있다.

앨리슨은 학자로서뿐 아니라 리더로서 높이 평가받고 있다. 1977
년부터 1989년까지 케네디행정대학원장John F. Kennedy School of
Government을 맡았고, 이 시기 동안 케네디행정대학원의 규모가
400% 증가하고, 기부금은 700% 증가하였다. 하버드대학은 앨리슨의
리더십으로 케네디행정대학원은 정책학과 정부학 전문대학원으로
발돋움한 것으로 평가받고 있다.

그는 1960년대부터 미국 안보정책에서 큰 역할을 하였다. 그는 레
이건 대통령 시절 국방부 참모를 지냈으며, 클린턴 대통령 제1기에
는 미국 국방부 정책 및 계획담당 차관보를 맡아 러시아, 우크라이나

를 비롯한 다른 소련연방국가들에 대한 군사안보전략과 정책을 지휘하였다. 2004년 선거에서는 존 케리 민주당 후보의 국제정치분야 핵심 참모를 맡았다. 그는 고유의 탁월함으로 클린턴으로부터 차별화된 공공서비스에 대한 국방훈장을 수상받기도 하였다. 앨리슨은 미국 국방 랜드연구소, 국제관계위원회, 부르킹스 연구소 자문위원을 지냈다. 2009년 미국 과학아카데미National Academy of Sciences로부터 미국 과학아카데미 학술상NAS Award for Behavior Research Relevant to the Prevention of Nuclear War을 수상하였다.

앨리슨의 첫 번째 저서인 『결정의 본질: 쿠바미사일 이야기』 Essence of Decision: Explaining the Cuban Missile Crisis, 1971는 45만 부 이상 팔려 정치학 분야에서 최고의 베스트셀러로 기억되고 있다. 그는 저서에서 조직과정모델과 관료정치모델이라는 새로운 이론적 패러다임을 발전시켰다. 그의 두 번째 저서인 『극복될 수 있는 재난』 The Ultimate Preventable Catastrophe은 2004년 뉴욕타임즈가 평가한 가장 영향력 있는 책으로 선정되었다.

앨리슨은 쿠바 미사일 위기 연구에서 미국과 소련, 양국 정부의 정책결정과정을 다루었다. 여기서 그는 세 개의 정책결정에 관한 개념적 렌즈를 사용하였는데, 합리적 행위자모형, 조직과정모형, 관료정치모형이 그것이다. 그는 쿠바 미사일 위기사태의 주 행위자국가의 의사 결정에 대해 새로운 이론적 패러다임을 제시하여 합리적인 행위자 모형으로써 설명되지 않는 국가들의 외교 정책 결정을 설명하였다. 앨리슨이 제시한 이러한 모형들은 여러 분야의 정책 과정에 폭넓게 적용 가능하고 현실의 국제 정치 현상들을 더 넓은 시각으로 바라볼 수 있게 하였다.

정책분석의 기준을 제시하다. 윌리엄 던William Dunn 이야기

윌리엄 던의 고민: 복잡해지는 사회 문제와 정책분석

윌리엄 던W. Dunn은 1964년 UC 산타바바라대학University of California at Santa Barbara을 졸업하여 정책학에 대해 연구한 학자이다. 던이 살았던 1960년대 미국은 여러 인종문제와 여성들의 젠더문제 등이 터져 나오면서 기존의 체제에 억압되어있던 불만들이 표출되었다. 이후 1970년대 베트남전의 패배와 오일 쇼크 등으로 인하여 물가상승이 지속되었으며, 이로 인한 사회 저소득층 구제 정책이 증가하고 있었다. 이에 미국 정부는 작은 정부를 지향하면서 '레이거노믹스'를 실시하고 비대해진 복지 지출을 감소하는 등의 정책을 통해서 추진하였다.

당시 사회과학자들은 정책문제들에 대해서 광범위한 해결방안을 찾는 연구를 진행하였지만, 정책문제를 설명하기 위한 정책모형이나 정책실험은 이루어지지 않았고, 이에 윌리엄 던은 이러한 문제 인식 속에서 정책분석에 대한 기준 및 모형을 설립하고자 했다.

점점 더 복잡해지는 사회는 사회문제의 원인들을 복잡하게 만들었으며, 이에 대한 정책들에 대한 분석 또한 정교해질 필요가 있었던 것이다. 한편, 정책학은 폐쇄적인 분과 학문현상으로 인해 사회현상을 제대로 분석하지 못하는 경우가 발생하였으며, 던은 이러한 현상에 대해 우려를 표했다. 이에 그는 사회문제들에 대한 통합적 정책분석과 미래예측을 강조하였다.

대안: 통합적 정책분석모형의 제시

던은 정책분석모형의 분기점을 마련했다. 그는 '미래'라는 시각을 정책분석에 도입하여 독창적 이론을 제시하는 한편, '소망성'과 '실현 가능성'이라는 2가지 기준을 토대로 정책분석이 진행되어야 함을 밝혔다. 즉 효과성, 능률성, 대응성, 형평성, 적정성, 적합성으로 구성된 소망성과, 정치적 실현 가능성, 경제적 실현 가능성, 사회적 실현 가능성, 법적 실현 가능성, 행정적 실현 가능성, 기술적 실현 가능성으로 구성된 실현 가능성이 종합적으로 측정되어야 한다고 주장했다.

통합적 정책분석은 정책문제를 정확히 정의하는 것에서부터 시작하는데, 던은 이를 구조화하고 바르게 정의하게 되면 정책문제의 대안을 적절하게 설정할 수 있다고 주장했다. 이를 위해서는 문제를 인식하고 심층적으로 분석하며 정의하여야 한다. 이러한 방법은 경계분석, 분류분석, 계층분석, 유추분석, 복수관점분석 등이 있으며, 이는 문제구조화에 도움을 준다.

정책분석에 '미래'라는 관점을 도입하여 시간의 축을 설정했다는 점도 매우 중요한 기여이다. 정책분석은 과거지향적 문제탐색 뿐만 아니라 미래지향적 문제탐색이 필요하며, 이러한 시간의 축은 정책문제를 중심부core에서부터 문제구조화framing를 하는 데 있어서 중요하게 작용한다. 던이 제시한 이러한 문제구조화 작업은, 기대되는 정책결과와 선호되는 정책결과 사이의 간극을 측정하는 데 도움을 주며, 기대되는 정책, 선호되는 정책, 관찰된 정책은 종합적으로 정책분석에 영향을 미치게 된다.

이처럼 던의 중요한 정책학적 기여는, 정책분석의 통합모형을 제시했다는 점과 함께 정책분석에 있어서 미래예측을 도입했다는 점이라고 하겠다.

〈그림 1〉 정책분석의 기준: W. Dunn의 분석 기준 내용

1) 소망성(desirability)

| 목표의 달성정도 |
| 정책이 집행될 경우 의도한 목표를 어느 정도 달성가능한가? |

| 투입에 대한 산출의 비율 |
| 의도한 정책목표를 달성하는데 얼마나 많은 노력이 투입되는가? (비용-편익분석) |

효과성(effectiveness)　능률성(efficiency)

| 정책의 가치성 정도 |
| 정책이 지니고 있는 가치나 비전이 현실적으로 어느 정도 바람직한 규범성을 지니는가? |

적합성(appropriateness)　평가 기준　적정성(adequacy)

| 문제의 해결정도 |
| 정책이 실시 결과 당초의 정책 문제를 어느 정도 해결할 수 있는가? |

대응성(responsiveness)　형평성(equity)

| 정책환경의 만족화 정도 |
| 정책이 어느 정도 정책수혜집단의 요구·선호·가치 등을 반영하는가? |

| 평등한 대우 |
| 정책의 비용-편익이 상이한 개인·집단에 얼마나 고르게 배분되는가? (수평성 공평성, 수직적 형평성) |

2) 실현가능성(feasibility) ──→ 정치적·경제적·사회적·법적·행정적·기술적 가능성

초점: 학문적 기여와 정책학의 현실 적합성 제고

던은 미국에서 수많은 사회문제가 쏟아져 나오던 1970~1980년대의 시대를 살면서, 정확한 문제 진단과 국가에서 시행되는 정책들의 분석 기준들을 정교하게 제시했다. 그는 정책분석과 정책결정과정에 대한 새로운 통합적 이론들을 제시했으며, 정책학을 단순한 이론적 측면에서만 머물지 않고 현실 적합성 높은 학문으로 전환하는 데 크게 기여하였다.

던의 연구는 사회문제를 진단하고 정확한 개선점을 찾으면서도, 정치적, 사회적 요소들을 투입하여 필요한 정보를 창출하고 의사소통을 중요시했다는 점에서 의의를 찾을 수 있다. 효과성과 능률성도 중요하지만, 정치적으로 사회적으로의 실현 가능성을 먼저 확인하고 정책을 실현해야 하며, 단순한 행정적 대안이 아닌 소통을 중요시하는 정책학을 제창한 것이다.

윌리엄 던은 정책문제의 개선에 있어 미래를 예측하여 기대되는 결과의 가치와 효용을 측정하는 것이 필수적임을 강조하였다. 이는 미래지향적 정책분석의 중요성을 강조한 것이다. 이러한 점은 정책학이 기존의 이론적 학문 풍토 혹은 추상적 모형에만 집착하는 것을 탈피하고, 현실 사회문제를 구체적으로 바라보고, 대안을 찾고 실현함에 있어 정책학의 현실 적합성을 제고하는 데 크게 기여하였다.

윌리엄 던의 생애사

윌리엄 던W.Dunn은 1964년 UC대학교에서 정책학 학사를 받은 뒤 클레어몬트대학원에서 박사학위를 받았다. 이후 공공 정책분석, 철학 및 사회학, 연구설계 및 방법, 정량 및 질적방법에 대한 강의를 하고 있으며, 해당 분야의 연구업적이 탁월한 세계적인 정책학자이다.

그는 1981년에『정책학원론』을 집필하였으며, 이 책은 현재까지 30년이 넘도록 미국을 비롯한 전 세계에서 정책에 관련한 대학원과 대학 수업의 교재로 활용될 만큼 정책학 분야에 있어 많은 영향을 끼쳤다. 이외에도 국제경영, 조직이론, 정책분석 및 평가 방법론, 비판적 이론 및 공공행정, 연구 설계 및 혼합 이론 등에 대한 수많은 연구논문을 작성하였다.

이러한 공로는 수많은 학술상과 정부에서 주는 공로상으로 이어졌으며, 최근인 2017년 9월에도 장관상을 받는 업적을 남긴다. 또한 그는 UC 행정학과 교수와 뉴햄프셔에 위치한 정책연구기구Policy Study Organization 회장을 역임하였으며, 현재는 피츠버그대학교에서 교수로서 공공정책분석과 정책과학 방법론과 인식론 등을 강의하고 있다.

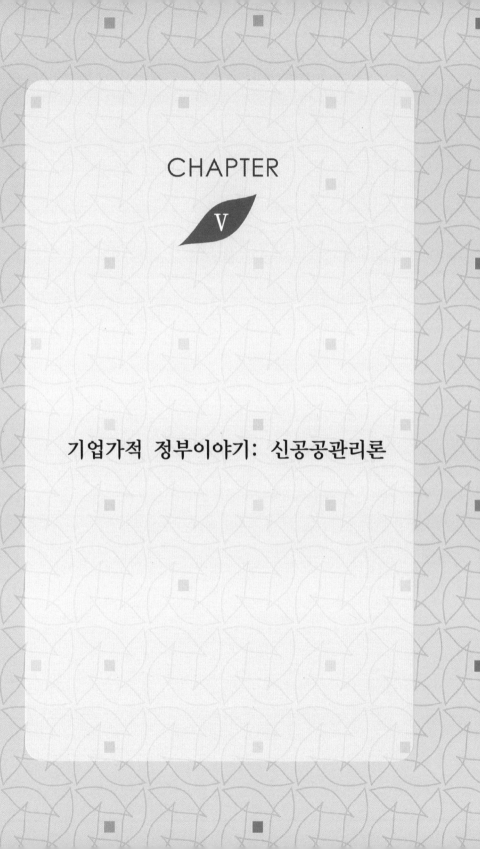

CHAPTER

V

기업가적 정부이야기: 신공공관리론

기업가적 정부의 혁신가, 앨고어(Al Gore) 이야기

Chapter V
기업가적 정부이야기: 신공공관리론

기업가적 정부의 혁신가, 앨고어AI Gore 이야기

앨고어의 고민: 미국 연방정부의 비대화, 행정의 관료제화를 해결
할 수 있는 방안은 없을까?

세계화와 정보화로 대변되는 오늘날의 상황에서 시대 변화에 합당한 체제로
전환하고 동시에 국가 경쟁력을 확보하기 위한 방안은 무엇일까? 국가의 경
쟁력을 확보하는 과정에서 현재 미국 연방정부가 가지고 있는 정부의 비대화
와 행정의 관료제화를 해결할 수 있는 방법에는 어떠한 것들이 있을까?

앨고어AI Gore는 미국 정부혁신을 성공적으로 이끈 개혁가이자
정치가다. 미국의 국가업무평가위원회NPR를 구성하여 '더 적은
비용으로 더 일 잘하는 정부'라는 슬로건하에 미국의 '정부 재창
조'Reinventing Government 개혁을 주도하였다. 1990년대 미국 클린턴

행정부의 정부개혁은 앨고어 부통령을 중심으로 하여 '정부 재창조'Reinventing Government 계획이라 명명하여 추진하게 되었다. 오스본Osborne과 개블러Gaebler라는 학자가 제시한 『정부 혁신의 길』Reinventing Government이라는 이론을 정부 개혁에 도입하여 성공적으로 이끈 정치 지도자로 유명하다.

쉬어가는 코너) 앨고어 Jr.와 아버지 앨고어 Senior

미국 연방정부 혁신을 성공적으로 이끈 앨고어는 Green Peace리우 환경회의와 교토 의정서, Information Superhighway정보고속도로의 창시자이기도 하다. NII국가정보기반와 GII세계정보기반를 주도한 앨고어는 아버지 앨고어 Senior와 관련된 일화로도 유명하다. 테네시 주 대표 미국 연방 상원의원이었던 그의 아버지는 미국의 산업화 시기였던 20세기 초 미국 고속도로를 지원하는 법률을 입안하였다고 한다. 관련하여 앨고어는 다음과 같이 결심한 그의 소회를 밝히고 있다. "아버지는 미국 고속도로를 설계하여 산업화의 기반을 닦았지만, 나는 미국 정보고속도로를 설계하여 정보화의 기반을 닦고 말거야!" 또한 그는 부통령으로 재임 중 정보고속도로초고속 정보통신망의 조기 건설과 더불어 미국 주도의 정보통신, 우주 및 국방분야의 발전에 공헌하였으며, 특히 환경문제 해결에 조예가 깊어 1997년 기후 변화에 관한 교토 의정서의 창설을 주도하고 온실가스 배출 최소화 및 국립공원 확대조치를 이끌어내는 등 전全 지구적 환경 보호에 정치적 수완을 발휘하였다. 미국 산업화의 기반을 닦은 아버지 앨고어에 이어 미국 정보화를 성공적으로 이끈 앨고어 부통령의 집안 내력도 대단해 보이지 않는가?

1990년대 초반 앨고어 부통령 당시 미국 연방정부는 많은 비능률과 문제점에 직면했다. 1990년대는 인터넷을 위시한 정보화와 세계화로 요약되는 시기다. 미국 정부는 이러한 시대적 조류인 정보화에 제대로 적응하지 못한 채 나태하고 집권적이며 관료적인 행동 성향을 답습하던 실정이었다. 산업화 시대로부터 물려받은 관료제 정부모형은 급속히 변동하고 고도로 경쟁적이며, 정보가 폭증된 경제, 사회적 조건에 대응할 수가 없는데도 말이다.

게다가 정부의 프로그램들은 독점적인 데다가 비능률적이었다. 산출이나 성과에 대한 평가도 결과 중심으로 하는 것이 아니라 투입을 기준으로 하는 등 정부의 운영 방식은 나태하고 낭비적인 관료제 형식이었다.

정부개혁에 대한 접근 방식도 단순한 기구개편에 불과하여 실질적으로 혁신을 창출하는 방식이 아니라 정부의 조직도표상의 상자들을 이리저리 옮기는 등 기구 개편에 치중해 있었다. 시민과 고객을 중심으로 하는 고객 중심의 행정 서비스의 사고는 아예 존재하지도 않았고 관료중심의 편의주의적 행정이 난무하고 있었다.

앨고어의 고민과 문제의식의 초점은 여기에 있었다.

미국 연방정부의 비대화, 행정의 관료제화를 해결할 수 있는 방안은 없을까?
고객 중심의 행정이 아닌 관료 중심의 행정을 어떻게 하면 타파할 수 있을까?
미국 연방정부의 기능을 재창조하여 혁신을 창발하는 방법은 무엇일까?
정부 혁신의 성공모델을 위해 기업가적 관리방식을 도입할 수는 없을까?

대안: NPR National Performance Review을 구성하여 정부혁신을 실
    행하자

부통령 앨고어는 먼저 자신의 정치 파트너였던 클린턴 대통령으
로부터 정부 혁신에 관한 전권을 위임받았다. 그리고 정부 혁신을
창도할 개혁 기구로서 국가성과혁신위원회 NPR: National Performance
Review를 만들었다. 정부 각 부처의 핵심 전문가들을 차출하여 각 부
처의 문제점들을 분석하게 하는 한편 개선 방안들을 고민하고 토론
하기 시작했다.

NPR의 목표는 "작고 효율적인 정부를 재창조"하는 것이었다.

첫째, 고객의 개념을 분명하게 정리하고 정부 부처별로 중요한 미션과
    목표를 재정립하고자 하였다. 앨고어는 정부 부처로 하여금 행정
    서비스의 개선을 위한 고객 서비스 기준을 마련하도록 하였다.
    각 기관은 자신의 고객이 누구인지 확인한 다음 자신의 서비스를
    자체 평가하여 유사한 서비스를 제공하는 민간기업 최고 수준과
    대등한 수준의 서비스를 제공토록 하였다. 민원인의 요구에 대한
    수동적인 처리 기준이 아닌 고객의 권리가 어디까지인지를 분명
    하게 알리는 적극적 고객 관리 개념을 도입한 것이다.

둘째, 성과의 개념을 분명하게 정리하여 투입 위주의 통제가 아니라 산
    출과 결과 중심의 평가체제를 확립하였다. 공무원의 직위분류체
    계를 단순화하고 각 기관에게 직위분류와 보수 지급의 자율성을

부여하는 한편, 각 기관별, 개인별 성과를 제고하기 위해 기관별 설정에 적합한 성과관리 및 보상체계를 설정하였다.

셋째, 비대한 연방정부기구를 슬림화하여 비용감축을 추진했다. NPR은 30만 명 이상의 공무원 인력을 감축하였다. 공무원의 신규채용을 대폭 줄이고 공무원의 자진 퇴직을 권장했다.

넷째, 정부 기능 및 조직의 개편을 통해서 기관 본연의 임무에 필수적이지 않은 사업과 기능은 폐지하거나 민영화시키고, 불필요하거나 중복된 조직과 기능은 통폐합시켰다. 그리고 연방 정부가 수행하는 것이 바람직하지 않은 경우에는 지방정부로 이양하거나 민간 기업으로 위탁시켰다.

다섯째, 전자정부와 정부 혁신을 접목시켰다. 1997년 2월 고어 부통령은 NPR과 정부정보기술위원회의 합동보고서를 통해 '미국으로의 접속'Access America이라는 범정부적 차원의 전자정부 구현계획을 발표했다. 이 계획은 접속 시스템의 설치, 급여전자이체, 수출지원 전자센터 등 18개 분야의 조치사항에 대해 각각의 전자정부 추진 일정 및 로드맵, 그리고 추진담당기관을 지정하였다.

앨고어의 성공적 추진전략은 1990년대 정부 재창조와 전자정부의 선도자라고 불릴 정도로 성공사례로 평가받고 있다.

초점: 기업가적 정부와 정부개혁모형

키워드는 기업가적 정부다. 기업가적 정부Entrepreneurship Government는 정부부문에 시장원리인 '경쟁'competition을 도입하고, 관료적 형식주의에서 벗어나 사명감mission을 가지고 고객을 최우선시하는 기업가적 정신을 정부에 도입해 나갔다. 또한 정부운영에 시장원리가 도입되고, 경쟁Competition, 권한위임Empowerment, 책임Accountability 및 성과Performance 확보 등을 강조하였다.

국민을 고객으로 섬기고 고객의 편리함을 위해 고객 중심의 사고에서 정부 서비스를 제공하도록 만들었다. 그 결과 미국 정부가 정부 혁신의 성공모델로 자리매김하는 데 부족함이 없었다.

이러한 기업가적 정부의 모형은 효율성을 대표하는 정부모형으로 평가된다. 민주성을 대표하는 뉴거버넌스 정부모형과 함께 현대 행정학의 양대 이념축을 이룬다. 뉴거버넌스에 대해서는 바로 다음 이어지는 장, 피터스 이야기에서 다루도록 하자.

앨고어의 생애사

앨고어Al Gore는 1948년 워싱턴에서 출생했다. 테네시 주 출신으로 7선 하원의원과 3선 상원의원을 역임했던 앨버트 고어와 최초의 밴더빌트 법학대학 출신 여성 법률가 폴린 고어 사이에서 태어났다. 워싱턴에서는 특권층 자제만이 입학하는 영국 국교회 계통의 세인트 앨번 학교에 다녔으며, 1965년 하버드대학에 입학하여 우등으로 졸업하였다.

베트남 전쟁 당시 전쟁에 대한 반대 입장에도 불구하고 징집에 응하여 월남에 파병되었으며, 종군기자
1969-1972년로 활약했다. 1976년 연방
하원의원에 도전, 94%의 압도적 지지
로 당선되면서 정계에 입문했다. 그 후
4선을 거쳐 84년 상원으로 정치 무대
를 옮겼다.

1988년 민주당 대선후보 지명전에서
경쟁 후보인 듀카키스에게 패배했으나 1990년 상원의원에 재선되었
으며, 2년 뒤인 1992년 빌 클린턴의 러닝메이트로 출마, 부통령에 당
선되었다. 1992년 클린턴이 대통령으로 당선됨으로써 고어도 부통령
이 되었고, 1996년 클린턴의 재선으로 부통령으로서 2기의 임기를
함께 하였다.

2000년 미국 대통령 선거전에 민주당 대통령 후보로 출마하여 공
화당의 조지 부시에게 패배하였다. 당시 대선에서 고어는 총 투표수
에서는 부시보다 54만 3895표를 더 얻었으나 선거인단 투표에서 지
는 바람에 패배했다.

당시 앨고어는 선거인단의 향배를 좌우하는 플로리다 주의 수작업
재검표를 놓고 부시 후보와 미국 대선 사상 초유의 법정 공방을 한
달간 벌였으나 연방대법원은 결국 부시 후보의 손을 들어줬다.

대선 패배 후 고어는 로스앤젤레스 캘리포니아대학UCLA 객원교수
로 활동을 재개하고 2001년 가을 정계복귀선언을 하기도 했으나,
2002년 12월 공식기자회견을 하고 2004년 차기 대통령 선거에 재출
마하지 않겠다고 발표했다.

정치인으로서는 많은 조언을 경청하고 자료를 철저히 검토한 뒤

결정을 내리며 일단 결정한 사항은 끝까지 밀어붙이는 추진력도 겸비했다는 평가를 받고 있다.

앨고어는 인터넷 탄생 초기부터 그 중요성을 역설했고, 환경 보호와 무기 확산 방지를 주장해 "전문 기술 관료"로 주목받아 왔다. 앨고어는 재임 중 정보고속도로초고속 정보통신망의 조기건설과 더불어 미국 주도의 정보통신, 우주 및 국방 분야의 발전에 공헌하였으며, 특히 환경 문제 해결에 조예가 깊어 1997년 기후 변화에 관한 교토의정서의 창설을 주도하고 온실가스 배출 최소화 및 국립공원 확대조치를 이끌어 내는 등 전 지구적 환경 보호에 정치적 수완을 발휘하였다. 빌 클린턴 대통령 재임 시절 동안 민생 문제 해결을 전담했다.

앨고어는 부통령으로 재직하는 동안 여전히 환경문제 해결에 많은 노력을 기울였으며, 1992년에는 『균형 잡힌 지구: 지구적인 환경의 개선』이라는 책을 출판하였다. 그는 2006년 지구 온난화에 관한 다큐멘터리 영화 '불편한 진실'에 출연하였고, 동명의 책을 써서 출판하기도 하였다. 2007년 고어는 지구온난화와 그에 따른 환경파괴의 위험성을 환기시킨 데에 대한 공로로 기후 변화에 관한 정부 간 패널과 함께 노벨 평화상을 수상하였다. 그 외의 저서로 1992년 출간한 『위기의 지구』 등 다수가 있다.

CHAPTER

VI

최근의 다양한 이야기:
뉴거버넌스와 신제도주의

거버넌스 개념의 선도자, 피터스(Guy Peters) 이야기

IAD 모형의 여성 학자, 오스트롬(Elinor Ostrom) 이야기

정책흐름모형을 탄생시킨, 킹돈(John Kingdon) 이야기

정책옹호연합모형의 옹호자, 사바티어(Paul A. Sabatier) 이야기

최근의 다양한 이야기: 뉴거버넌스와 신제도주의

거버넌스 개념의 선도자, 피터스Guy Peters 이야기

피터스의 고민: 국가의 상황적 맥락에 걸맞은 거버넌스 모형이란
무엇일까?

피터스Guy Peters는 정부와 시장, 그리고 시민사회 간의 관계에
대해 깊은 고민을 했던 학자다. 그의 초기 저서 『미래의 국정관
리: 네 가지 모형』The Future of Governing: Four Emerging Models, 1995에서
제시한 네 가지 국정관리 모형 역시 이러한 고민에 기초한 연구
산물이었다.

전통적인 정부는 왜 실패하였는가?
정부의 직접적인 서비스는 왜 사람들의 만족과 행복을 높이지 못하는 것일까?
정부만이 행정 서비스 전달의 독점적 행위자일까?

피터스는 이러한 고민을 하며 그 해결책을 제시해 보려 노력했다. 또 이러한 국정관리모형 네 가지 말고도, 피에르J. Pierre와 함께 저술한 『복잡한 현대사회의 국정관리』Governing Complex Societies, 2005에서는 정부와 민간과의 관계 중심성에 대해 고민하고 있다.

정부와 시민과의 관계에 따라 정부 모형을 나눌 수 있을까?
정부와 시장과 시민사회가 연계된 서비스 전달방식은 무엇일까? 이때 정부는 어떤 역할을 해야 할까?

그는 고민을 토대로 세계 각국의 여러 가지 유형의 정부와 거버넌스를 비교·분석하여 상황에 맞는 대안을 마련하기 위해 고민을 했다.

대안: 협력적 거버넌스, 네트워크 거버넌스 등 뉴거버넌스가 필요하다

피터스는 『미래의 국정관리: 네 가지 모형』The Future of Governing: Four Emerging Models, 1995에서 네 가지 국정관리 모형을 제시했다.

첫째 유형은 시장적 정부모형이다. 이는 시장의 효율성에 대한 믿음과 관료의 독점이 야기하는 비효율성 제거를 위한 경쟁 도입을 기본 이념으로 하는 모형이다. 분권화와 수평적 조직구조를 추구한다. 공무원들에게 성과급을 주는 등 생산성 향상 수단을 강조하고, 성과 감사 및 시장성 검증Market Test에 주력했다. 또한 주요 정책으

로 기업가적 창의성을 중시하고 자율적 결정권을 통해 정책을 형
성할 수 있는 모형이다.

둘째 유형은 참여를 통한 정부 혁신, 권한 위임, 일선 관료제를 중시하
는 참여적 정부모형이다. 하급 관료의 접근 가능성이 높은 수평적
구조를 취하고, 위원회나 자문기구 등이 활성화된 구조이다. 하급
관료와 고객들이 의사결정에 참여하고, 분권적 의사결정은 물론,
일선 관료의 재량과 참여로 정책이 형성된다.

셋째 유형은 조직의 영속성이 혁신을 저해하는 것을 극복하기 위해 고
안된 신축적 정부모형이 있다. 신축적 정부모형은 경쟁의식을 유
발하고, 한시적 문제 해결 조직을 강조한다. 그 예로 위원회나 태
스크포스TF, 그리고 가상 조직 등을 들 수 있다. 종신고용을 파괴
해서 무사안일주의를 해체하고, 계약직·임시직 인력을 확대하
는 모형이다.

넷째 유형은 관료들에게 자율성을 부여하여 관리혁신을 도모하는 탈규
제적 정부모형이다. 구조의 문제보다는 관리의 문제를 중요시한
다. 관리상의 자율권 및 재량권을 부여하고, 번문욕례red tape를 제
거하며, 총액예산제도를 이용해 관리한다. 탈규제적 정부모형은
정책형성 시에도 재량권을 가진 관료들의 자발적 조정으로 정책
을 형성할 수 있는 장점이 있다.

피터스는 노젓기Rowing보다는 전략적인 방향잡기Steering에 집중
하도록 하여, 중앙정부가 집행기능서비스의 직접제공에 집착하기보다
는 전략적인 정책역량을 강화하는 데 그 의의가 있다고 했다. 즉

정부는 목표를 명확히 하고, 방향잡기 및 핵심적인 기능만 수행하는 것이 좋다고 보았다.

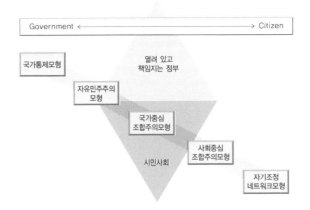

〈그림 1〉 거버넌스의 유형

한편 피터스는 피에르J. Pierre 박사와 함께 저술한 그 이후의 저술, 『복잡한 현대사회의 국정관리』Governing Complex Societies, 2005에서는 초기 모형을 좀 더 구체화하여 다섯 가지 국정관리 모형을 제시하고 있다.

첫째, 국가통제모형은 정부가 모든 거버넌스 측면에서 가장 중요한 행위자이고, 사회적 행위자에 대한 강력한 지배권을 가지게 되는 모형이다.

둘째, 자유민주주의 모형은 다양한 형태의 사회행위자들이 국가에 영향을 미치기 위해 경쟁하지만 이들 중 최종 선택할 수 있는 정책적 권리는 국가에게 있는 모형이다.

셋째, 국가중심 조합주의 모형은 국가가 정치과정의 중심에 있지만, 사회적 행위자들과 관련되어 제도화되고 국가-사회 상호 작용이 많이 강조되는 모형이다.

넷째, 사회중심 조합주의 모형은 국정운영에 있어 다수의 사회적 행위자들에 크게 의존하게 되는 형태이다. 여기서 사회는 더 강력한 행위자가 되는데, 사회적 네트워크는 국가의 권력을 면할 수 있는 자기조직화 능력이 주어진다고 본다.

다섯째, 자기조정 네트워크 모형은 순수 사회 중심형 거버넌스 모형이다. 개별 행위자들이 자신의 이익을 위한 자기조정 거버넌스를 창조하는 형태다. 이는 네트워크 거버넌스 혹은 뉴거버넌스라고도 부른다.

초점: 뉴거버넌스

키워드는 뉴거버넌스이다. 현대사회의 복합성에 대응하기 위해 피터스는 뉴거버넌스가 필요하다고 보았다. 정부의 독점적 운영형태보다는 정부, 시장, 시민사회가 서로 협력하여 공공문제를 함께 해결하는 새로운 국정운영방식 말이다. 특히 점점 불확실성이 증대되어 가고 있는 현대 사회 속에서 그 동안 정부나 기업들도 경험해 보지도 못했던 복잡한 문제가 발생하고 있다. 공사를 막론하고 어떠한 조직도 혼자의 힘으로는 해결할 수 없는 사회문제가 증가함에 따라, 사회 구성원 간의 협조가 절실히 요구되고 있기에 공사부문의 협력적 거버넌스와 네트워크 거버넌스의 필요는 매우 증가하고 있다.

피터스는 특히 뉴거버넌스를 강조하면서, 뉴거버넌스의 성공조건을 다음과 같이 강조했다. 1) 네트워크의 중요성The Importance of Networks, 2) 통제방식에서 방향타의 역할From Control to Influence, 3) 공공자원과 민간자원의 결합Blending Public and Private Resources, 4) 다양한 정책수단의 이용Use of Multiple Instruments이라는 인식의 전환이 중요하다고 역설하였다. 또한 뉴거버넌스는 책임성Accountability의 문제를 항상 수반한다는 점에서 이에 대한 고민과 성찰이 필요함을 강조하였다.

이를 쉽게 이해하기 위해 월드컵 축구를 떠올려보자. 2010년 남아공 월드컵 당시 한국과 아르헨티나의 경기 후반전 한국이 1:2로 지고 있는 상황에서, 최전방 수비수가 골을 몰고 미드필드를 넘어 아르헨티나로 골문 근처까지 깊숙이 들어왔다. 이때 차범근 해설위원이 다음과 같이 말했다.

> 지금 급하다고 해서 저렇게 수비수가 자리를 이탈해서 치고 올라오는 것은 위험합니다. 자신의 자리가 비게 되면, 역공을 당할 때 전체 시스템이 무너지게 되거든요. 급하다고 자신의 역할을 넘어서거나 무시하면 안 됩니다.

이는 곧 네트워크가 가진 각 시스템의 중요성을 의미하는 것이다. 즉, 분담하고 있는 역할과 능력이 발휘될 수 있도록 구성원은 각자가 가진 위치와 능력을 발휘해야 한다. 또 다른 예로, 오케스트라는 지휘자리더가 있지만, 각각의 구성원이 해당 분야의 전문가들이다. 이들이 각자의 역량을 십분 발휘하는데 이들 중 하나라도 없으면 아름다운 선율과 화음이 발생하지 않는다. 또한, 리더의 방향타의 역할도 중요하다. 지휘자가 적절하게 각 구성원이 연주해야 할 시점을 잘 조율해 주지 못한다면 조화가 이루어지지 않게 된다.

이처럼 거버넌스의 성공적 운영을 위해서는 참여하는 누구나 스스로 주인의식을 가질 필요가 있다. 그리고 그 주인의식은 개개인의 숨겨진 잠재력이 100% 발휘되도록 하는 마법과 같다고 볼 수 있다. 행위자들의 주인의식을 함양하기 위해서는 '방향타' 역할Steering Role을 맡은 초기 리더의 역할이 중요하다. 리더가 스스로를 많이 드러낼수록 혹은 더 많은 참견과 통제를 하고 싶은 욕구를 참지 못할수록, 각 구성원의 섬세한 주인의식은 자라나기 어렵기 때문이다.

쉬어가는 코너 **피터스와 참여형 거버넌스**

2003년 7월 28일자 동아일보에는 피터스 교수의 대담 기사가 실려 있다. 평소 정책결정에 문화요소를 많이 강조한 피터스 교수는 덴마크 사례 하나를 소개하였다. "나는 덴마크에서 6개월가량 체류했었다. 덴마크 학교 운영이 행정당국이나 이사회가 아닌 학부모가 운영하고 있는 점이 흥미로웠다. 당시 이슬람 학생에게 학교급식으로 나오는 돼지고기가 문제가

되자 이를 놓고 6개월 동안 진지한 대화가 오갔다. 덴마크 사람들의 참
을성을 높게 평가한다. 결론은 점심식사 줄을 2개 만든 것이었다. 구성원
들이 참여해 충분한 시간을 들여 내린 결정이 때로는 효율보다 중요하다
고 믿는다. 참여형 거버넌스를 통해 구성원들의 생각의 틀을 천천히 바
꾸려는 노력이 필요하다."

피터스의 생애사

미국 피츠버그대학의 미국정부론
석좌교수Falk Professor of American
Government로 재직한 비교정책 및 행
정학 전문가다. 주요 저서로는『관료
정치론』,『행정혁명기의 관료 및 정
치인』,『거버닝의 미래』,『비교정치
론』,『EU의 정책조정』,『정치학의 제도론』등이 있다.

그는 리치몬드대학교에서 1966년대 학사학위를 받았다. 미시간 주
립대학교에서 대학원을 다녔는데, 1년 만에 석사학위를 취득한 후
1967년, 다시 3년 만에 박사학위를1970년 동 대학원에서 수여받았다.
이후 핀란드의 바사대학교University of Vaasa에서 1년1998년, 스웨덴의
구텐베르크대학교University of Gothenberg에서 다시 1년간1999년 연구
경험을 쌓았다. 그가 관심을 가지고 연구를 진행한 거버넌스 연구는
이 시기에 정점에 이른 듯하다. 노르웨이, 핀란드, 스웨덴의 발트해
3국은 가장 대표적인 복지국가이다. 이 국가들에서는 사회적 약자를
위한 공공정책이 가장 중요하게 다루어지는데 1960년대에 시작되어

지속되고 있는 소위 복지국가의 위기를 가장 체감하고 있는 국가들이다. 이러한 상황에서 1990년대 후반 강력한 정부통제방식을 방향설정자의 역할로 변환하고 사회문제에 다양한 행위자가 포함되어야 한다는 거버넌스 패러다임은 유럽 내에서 특히, 발트해 3국의 연구자들에게는 집중적으로 다루어졌고, 여전히 다루고 있는 주제이다.

이렇게 핀란드와 스웨덴 내부 대학교들의 관점이 집중된 1990년 후반에 그는 연구에 참여하고 국가 시스템의 상이성과 함께 거버넌스가 내재한 요소들과 변화 가능성들을 연구한 것으로 보인다. 특히, 복지국가Comprehensive Welfare State의 문제가 관료제로부터 파생된 효율성의 부재Deficits of Efficiency와 과도한 규제The latter manifested in the critique of overregulation로부터의 탈피는 주된 관심사이기도 하다.

그는『미래의 국정관리: 네 가지 모형』The Future of Governing: Four Models을 통해 미래의 정부에 대해 4가지 모형을 제시했다. 그가 제시한 "시장적 정부모형", "참여적 정부모형", "신축적 정부모형", "탈규제적 정부모형" 등의 4가지 모형은 국정관리모형이 공익Public Interest의 개념을 어떻게 구현할 수 있는지와 무엇이 좋은 정부인가에 대한 생각을 제시한 것으로 평가받았다. 또한 신공공관리를 넘어 거버넌스이론을 정립한 학자로 평가받았다.

그는 2005년 『복잡한 현대사회의 국정관리』Governing Complex Societies를 통해 다시 한 번 생각을 정리했는데, 거버넌스의 모형을 다섯 가지로 정립하면서, 전통적 행정학의 모형인 계층제적 관료제 통치가 1990년대 이후 정부-시장-시민사회와의 신뢰와 협력을 기초로 하는 수평적 국정관리로 진화되고 있다는 점을 분명하게 밝히고 있다.

경력 및 수상내역으로는 '조지아대학교의 도시 관찰연구소의 자문위원'Consultant, Urban Observatory, Georgia State University, Present이었고, 1973년에서 1975년까지 선진산업사회의 공동문제연구의 공동책임 조사자 및 이에 대한 포드재단의 학술상Co-principal Investigator, Ford Foundation Grant on Common Problems of Advanced Industrial Societies, 1973-1975을 수여받았다.

그는 현재 미국 피츠버그대학교에서 석좌교수로 재직하고 있다. 그는 역시 UCISUniversity Center for International Studies의 연구교수이며, 캐나다 관리개발 센터Canadian Centre for Management Development에서 선임연구위원이고, 홍콩대학교의 명예교수City University of Hong Kong이다. 그는 현재 공공정책과 비교정치를 강의하고 있으며, 그의 연구는 공공정책과 행정, 미국행정의 정책에 초점을 맞추고 있다.

IAD 모형의 여성 학자, 오스트롬Elinor Ostrom 이야기

오스트롬의 고민: 공유의 딜레마를 뛰어넘을 수 있는 방법은 무엇일까?

풀이 무성한 언덕이 있다. 이 언덕 앞에 사는 양치기가 언덕에 양을 풀어놓고 기르면 양들은 좋은 공기와 풀을 먹으며 무럭무럭 자랄 것이다. 그리고 이렇게 잘 자란 양들의 털과 고기가 좋다는 소문이 퍼지면서 근방에 있는 다른 양치기들도 이 언덕으로 몰려온다. 언덕에서 풀을 뜯는 양이 점점 더 늘어나지만, 이와 더불어 언덕의 풀은 점점 더 줄어간다. 그러자 양치기들은 조금이라도 자기 양에게 풀을 더 뜯게 하기 위해 더 오래 양을 풀어놓는다. 이러한 현상이 계속 반복되면 결국 그 언덕에 있는 풀은 하나도 남지 않게 된다.

위에서 나오는 양치기와 풀 이야기뿐만 아니라 지금 우리도 똑같은 처지에 놓여 있다. 최근 크게 문제가 되고 있는 석유의 고갈과 물의 오염을 생각하면 이해하기가 조금 더 쉽다. 이렇게 귀중한 자연자원이 위협받고 있는 것은 비단 어제 오늘 일은 아니다. 즉 여러 사람이 공동으로 사용하는 자연자원을 어떻게 관리해야 하는가의 문제가 발생하고 있는데, 이를 소위 '공유재의 비극'Tragedy of Commons6)이라고 한다. 이는 단순하게 귀중한 자원이 고갈된다는 문제에서 그치는 것이 아니라, 더 나아가 인류의 생존과 삶의 질에 크게 영향을 미칠 수 있기 때문에 매우 심각한 문제다.

이러한 공유지의 비극은 왜 일어날까? 인간은 누구나 자신의 사익私益을 위해서 행동을 한다. 즉 어떠한 행동을 할 때 남을 위하여 봉사하기도 하지만 근본적으로는 우선 자신의 이익이 되는 방향으로 행동한다는 것이다. 따라서 사람들은 각자 자신이 어떠한 목적을 가지고 그러한 목적을 실현하기 위하여 자기의 이익을 극대화하는 것이다. 그 결과 전체적으로 바람직한 결과보다는 다함께 망하는 비극을 초래하게 된다.

예를 들어 보자. 한 마을에서 잘 관리하던 산림이 있다고 생각해 보자. 만약에 이것을 국유화한다면 지키고 관리해야 할 사람이 필요할 것이다. 그런데 실제 운영해 보면 사람 수는 턱없이 부족한 상황이 되고 각종 규제가 만들어질 것이다. 과연 이게 산림관리라는 목적에 합리적인 대책일까? 또 만약에 공무원이 뇌물까지 받아 점점 황폐해지면 어떻게 될까?

그렇다고 어장에서 모두가 마음껏 고기를 잡게 하고 누구에게도 속하지 않는 자원을 마음껏 가져갈 수 있게 하는 방식으로 방임한다면, 점점 많은 배가 차츰 줄어드는 고기를 쫓으며 점차 많아지는 사람들이 점점 줄어드는 수익을 두고 다투는 상황이 발생할 것이다.

공공재 혹은 공유재의 비극을 피하기 위해 지금까지 나온 처방은 크게 두 가지인데, 그 하나는 중앙정부의 강력한 통제이고 또 다른 극단은 사유재산권을 존중하는 순수 시장제도였다. 학자들은 "공유재의 비극 때문에 환경문제는 자발적 협동으로 해결할 수 없고 강제력을 행사하는 정부의 역할이 절대적"이라는 주장과 "공유재의 비극을 피할 수 있는 유일한 길은 사유재산권을 존중하여 공유지의 비극을 종식시키는 것뿐"이라는 양 극단의 주장으로 맞서왔다.

그런데 오스트롬Elinor Ostrom은 시장 아니면 국가라는 이분법에서 벗어나 공동체의 자치관리라는 제3의 해법을 제시했다. 오랫동안 마을에서 잘 관리되던 산림이 '공유의 비극' 논리에 따라 국유화된 후 충분한 감시 인력을 고용하지 못한 데다 감시 인력의 뇌물수수 등으로 오히려 산림이 파괴되는 경향이 태국, 네팔, 인도 등에서 광범위하게 일어났다는 점은 예가 될 수 있다. 또한 어장이나 산림, 지하수 등은 사유화하기도 거의 불가능할 뿐만 아니라 단순히 소유권을 나눈다고 해서 환경 파괴나 자원 고갈을 막을 수도 없다고 설명한다. 중앙정부의 관리나 사유화는 둘 다 지나친 일반화의 오류를 범하고 있어서 한 가지 선택만으로는 적절한 해결책이 될 수 없다고 주장했다. 예컨대, 만약에 갑자기 배가 고프다고 하자. 그런데 그 배고픈 이유가 단순히 식사시간이 되어서일 수도 있지만 운동을 많이 했다든지, 아니면 식사시간은 아니지만 어제 계속 굶었다든지 하는 이유도 있을 수 있다는 것이다. 따라서 오스트롬은 '모 아니면 도' 식의 이분법적인 흑백 사고로는 절대 공유재의 비극을 해결할 수 없다고 주장하였다.

쉬어가는 코너 오스트롬의 꾸준한 학문적 탐구심 ⋯⋯⋯⋯⋯⋯

엘리너 오스트롬은 1933년 출생 이후 대공황과 2차 세계대전으로 물자 부족에 시달리는 '공유재 비극'을 몸소 체험했으니, 그녀가 공유재와 공유재의 부족에 관심을 가진 것을 이상하다고는 말 못 할 것이다. 다만 세계대전 이후 자원관리의 문제점은 다른 학자들의 문제의식으로 녹아들어 갔던 시기였기에, 1965년에는 올슨Olson의 책 『집단행동의 논리』가 출판되고, 1968년에는 하딘Hardin이 사이언스지에 '공유지의 비극'을 선보이기도 했다. 그런데 왜 공유지 문제에 있어서 유독 오스트롬의 연구가 유명하고, 노벨 경제학상까지 탄 것일까? 1961년 졸업논문을 썼을 때, 당시로서는 그것이 공유자원의 문제인 것을 알기 전이라고 본인이 직접 회고한 바 있었지만, 남부 캘리포니아 물 자원관리 문제를 연구하였듯이 또한 인디아나대학 초기 경찰치안 연구에서처럼 그녀는 연구초기부터 자원관리에 관심을 가지고 있었다. 여기서 우리는 다시 한번 한 주제에 천착하는 꾸준한 학문적 열정과 탐구심의 중요성을 깨달을 수 있다.

대안: 제도적 장치마련과 자발적 협력을 통해 사회문제를 해결하자

그럼 이러한 공유재의 비극은 어떻게 해결할 수 있을까?

오스트롬은 '제도'의 중요성에 주목했다. 제도라는 것은 시간시대과 장소국가에 따라 다르지만, 더 좋은 국가가 될 수 있도록 만드는 정책과 그러한 사회가 되게 하기 위해 개인의 행동을 규제하는 모든 사회적인 틀을 의미한다. 즉 이러한 제도는 바람직한 사회가 되게 하기 위해 때로는 개인의 행동을 제한하기도 하고 때로는 특정 행동을 유도하기도 한다. 따라서 이러한 제도를 올바르게 설정하는 것이 매우 중요하다.

결론적으로 말하자면, '제도를 올바르게 하는 것', 그래서 '현실 상황에 적합한 제도를 설계하고 시행하는 것'이 바로 오스트롬의 주장이다. 물론 절대적으로 올바른 제도를 만드는 것 자체가 매우 힘들고 어려운 일이며, 심지어 불가능할 수도 있다. 하지만 시간과 장소, 다양한 비용과 편익의 맥락을 고려할 때, '성공적'인 제도란 무임승차와 의무태만의 유혹이 상존하는 상황에서 개인들에게 생산적 결과를 성취할 수 있도록 해 주는 제도를 말한다. 즉, 맥락상황에 맞는 제도를 형성하여 사람들을 때로는 규제하기도 하며, 그 제도적 틀 안에서 협력적 결과가 발생할 수 있도록 한다면 공유재의 비극은 해결될 수 있다는 것이다Elinor Ostrom, 2010: 42-43.

만약 우리나라에서 환경오염 특히 대기오염을 줄이기 위한 정책을 수립한다고 생각해 보자. 환경오염을 줄인다는 목적을 달성하기 위하여 무작정 모든 공장을 폐쇄하고 자동차 및 운송수단을 전면적으로 중지하는 것은 터무니없는 일이다. 특히 요즘과 같이 산업화되고 자본이 중시되는 사회에서 공장을 멈춘다는 것은 말도 안 되는 일이고, 이미 고도화된 산업사회를 살고 있는 현대사회에서 운송수단의 전면 금지는 불가능한 일이다. 물론 지금이 농업사회라면 이러한 방법이 어느 정도 가능하다고 생각할 수도 있겠지만 지금은 절대 불가능하다. 바로 이러한 현재의 분위기와 상황을 고려하여 정책_{제도}을 만든다는 것을 '맥락_{상황}에 맞게 제도를 형성한다'고 말한다.

현재의 상황을 고려하였을 때 대기오염을 줄이기 위해 오염물질을 일정량 이상 배출하는 것을 금지하는 법안은 매우 현실성 있으면서도 타당하다고 판단된다면, 정부는 '오염물질배출량 제한 제도'를 만들어 오염물질을 주로 배출하는 개인 혹은 기업에게 공지한다. 이러한 공지된 제도는 개인/기업이 마음대로 오염물질을 배출하지 못하게 하도록 만든다. 이것이 바로 '사람들을 때로는 규제한다'는 것이다.

오스트롬은 최적의 제도적 해결책은 국가나 시장과 같은 외부의 행위자 대신 사용자들이 자치적으로 관리하는 정교한 장치들이 보다 효과적 대안이 될 수 있다고 생각했다. 그래서 세계 도처의 사례를 찾아보았는데 다양한 사례가 있었던 것이다. 오스트롬이 쓴 『공유지의 비극을 넘어서』라는 책을 보면 몇 가지 사례가 나와 있는데, 조업규칙을 만들어 어장을 관리하는 터키의 어촌, 방목장을 함께 쓰는 스위스의 목장지대, 농사용 관개시설을 공유하는 스페인과 필리핀의 마을 등 수백 년에서 1,000년이 넘는 세월 동안 공유자원을 잘 관리해온 공동체들이 발전시켜 온 정교한 제도적 장치들이 실제로 있었던 것을 알 수 있다.

터키 알라니아 어장의 경우, 100여 명의 어민이 여러 종류의 어망을 사용하면서 개인별로 두세 척의 어선을 가지고 고기를 잡는

데 어민의 절반은 지역 생산자조합에 소속되어 있었다. 그런데 공유지의 비극처럼 1970년대 이 어장에서는 어민들의 무절제한 이용으로 어민 간의 갈등과 폭력, 경쟁에 따른 조업 비용 증가로 위기를 맞았다. 이로부터 10여 년의 시행착오 끝에 어민들은 자발적으로 매년 9월 조업할 수 있는 어민의 명단을 작성하고 정교한 규칙 체계를 마련해 문제를 해결했다는 것이다.

초점: 합리적 선택과 제도분석모형
(IAD: Institutional Analysis and Development Framework)

이렇게 등장한 것이 합리적 선택에 기초한 제도분석모형Institu-tional Analysis & Development Framework, IAD 모형이다. 개인들은 제도라는 틀 속에서 자신의 행위를 합리적으로 선택한다고 보았다. 오스트롬은 특히 공유지의 비극문제를 해결하기 위해서 필요한 유인구조와 상황에 대한 연구를 진행하였는데, 개인들은 직면하는 여건, 유인구조, 발생하는 비용 등을 고려하여 최선의 행위를 선택한다는 것이다. 이를 IAD 모형Institutional Analysis & Development Framework 이라고 부른다.

IAD 모형의 구조를 살펴보면 다음과 같다. 개인의 행위에 영향을 미치는 조건으로는 물리적 속성, 제도적 속성, 공동체 속성을 들고 있다.

첫째, 공공재인가 사적재화인가에 따른 물리적 속성Physical/Material Conditions이 개인의 행위에 영향을 준다.

둘째, 정책과 법률과 같은 일련의 규정제약이 자격권한 및 보상함수 등을 통해 개인의 행위에 영향을 미친다.

셋째, 개인이 속한 공동체의 특징산업사회/농업사회; 도시/농촌의 요소Attribute of community들이 개인의 행위에 영향을 준다. 즉 이러한 물리적 속성, 제도적 속성, 공동체 속성들이 상호 작용 패턴Pattern of Interaction을 통해 행위의 결과를 규정짓게 된다고 보았다.

요약하면, 오스트롬은 공공재에 대하여 공유지의 비극이 나타나는 것에 대하여 고민했고, 그것을 어떻게 하면 해결할 수 있을까가 주요 관심사였다. 이러한 문제에 대하여 결국 해결책을 제시한 것이 바로 제도분석모형, IAD 모형이라고 이해하면 될 것이다. 제도분석모형에서 가장 중요한 단어는 바로 '제도', '규칙'인데, 사람들이 공공재에 대하여 어쩔 수 없이 가지는 무임승차에 대한 유혹물리적 조건을 방지할 수 있는 방법이 바로 '제도'이기에, 또한 사람들이 공통의 가치와 자원 및 이익을 공유하거나 혹은 사람들 간의 원활한 상호 작용을 위해서 '규칙'을 개발할 필요가 있다고 보았다. 일정한 제노와 규칙하에서 사람들의 행태행위가 결정되기 때문에, 결국 정부 혹은 공동체는 좋은 제도와 좋은 규칙을 개발해서 아름다운 사회를 만들기 위해 노력해야 한다는 것으로 요약할 수 있다.

오스트롬의 생애사

오스트롬Elinor Ostrom은 1933년 미국 캘리포니아 주의 로스앤젤레스에서 태어나 1951년 베벌리힐스고등학교를 졸업한 뒤 캘리포니아대학교 로스앤젤레스캠퍼스UCLA 정치학과에 진학하여 1954년 학사, 1962년 석사, 1965년 박사학위를 취득하였다.

1966년도에 인디애나대학교의 정치학과에 처음 교수로 부임해서 1969년에는 부교수, 1974년에는 정교수가 되었고, 1980년부터 1984년까지 학과장을 지냈다.

주요활동에 대해 살펴보면 1991년 미국예술과학아카데미 회원, 2001년 미국과학아카데미 회원이 되었고, 여성으로는 처음으로 미국 정치학회 회장을 지냈다. 남편 빈센트 오스트롬Vincent Ostrom을 이어 인디애나대학교 블루밍턴캠퍼스의 석좌교수로 재직하던 중 2012년 6월 타계하였다.

세계대공황과 제2차 세계대전 시기에 어린 시절을 보내 물자 부족에 시달리며 공공선을 위한 협력의 중요성에 대해 체득한 오스트롬은 제도경제학과 공공선택이론의 대가이다. 개인의 합리적 선택이 공공의 이익에 악영향을 끼친다는 이른바 '공유재의 비극' 현상을 정부개입이나 시장 메커니즘이라는 기존 논리에서 탈피해 '공동체 중심의 자치제도'를 통해 해결할 수 있는 방안을 제시하여 각광을 받았다. 특히 "공유자원은 제대로 관리될 수 없으며 완전히 사유화되거나 아니면 정부에 의해서 규제되어야 한다는 전통적인 견해에 도전"하였고 수많은 사례에 대한 경험적인 연구를 바탕으로 "사용자들이 자치적으로 관리하는 세계 도처의 공유자원 관리체계에서 나타나는 정교한 제도적 장치들"을 발굴하여 소개하고 이론적으로 분석하는 성과를 거두었다.

2009년 여성으로는 최초로 노벨경제학상을 수상했다. 이 밖에 2005년 미국정치학회의 제임스매드슨상을 받았고, 2008년에는 게임이론과 수학을 정치학에 응용한 윌리엄 라이커를 기려 제정된 윌리엄라이커상을 여성으로는 처음으로 수상하였다. 오스트롬은 타임지에서 발표한 2012년도 세계에서 가장 영향력 있는 100인에 선정되었다.

주요 저서로는 1990년에 발표한 『거버닝 더 커먼스』Governing the commons(국내에는 '집단행동과 자치제도'라는 제목으로 출간), 2005년에 발간된 『제도적 다양성 이해』Understanding Institutional Diversity 등이 있다.

정책흐름모형을 탄생시킨, 킹돈John Kingdon 이야기

킹돈의 고민: 모든 정책의 결정과정은 단선적 형태를 가질까?

소중한 192명의 생명을 앗아가고, 148명을 다치게 한 대구 지하철 참사 사건을 기억하는가? 그 사건이 있은 지 9년 남짓한 시간이 흘렀지만 그때의 참혹했던 상황은 우리들의 기억에서 잊혀지지 않고 있다. 이 사고로 인해서 재난 등에 대비한 지하철 안전대책에 대한 필요성 등이 대두되고, 그때 정부는 이 참사를 교훈삼아 재난안전대책을 체계화하기 위해 행정안전부 산하에 소방방재청을 신설하게 되었다. 재난안전통신망 구축과 같은 사업을 포함하여 지하철 전동차 내부 소재를 불에 타지 않는 소재로 교체, 스크린 도어의 설치 등의 정책을 실행하게 되었다.

최근 우리나라는 300명 이상의 소중한 생명을 앗아간 진도 여객선 세월호 참사 사건으로 나라 전체가 비통에 잠긴 바 있다. 이 사고로 인해서 국가적 재난에 대비한 국가안전처가 신설되고, 재난안전대책을 체계화하기 위해 국가대개조 수준에 버금가는 국정운영 혁신이 요구되고 있다. 여기서 중요한 것은 이러한 비극적 사건이 다시는 반복되지 않도록 행정적·정책적 대안을 마련하는 일일 것이다.

그런데 또 한가지 여기서 우리가 한번 짚어볼 점은, 과연 이러한 정책결정들은 과거 학자들이 설명해온 바와 같이, 문제가 제안되고, 그에 따른 좋은 대안을 만들고, 그 결과 정책으로 나오게 되는, 즉 단선적인 형태를 지니는 것일까 하는 것이다. 정말 실제로 정책결정과정이 이렇듯 단계적·단선적으로 이루어지는 것일까?

킹돈John Kingdon은 바로 이러한 정책결정과정에 대해 고민하기 시작하였다. 정책은 과연 단선적 형태로 순차적인 과정을 거쳐 결정될까? 왜 어떤 문제는 사건이 터지자마자 바로 정책이 강구되면서 왜 어떤 문제는 그대로 방치되는 것일까? 이러한 문제들이 킹돈의 고민이었다.

항상 사회에는 다양한 문제가 발생한다. 그런데 눈여겨 볼 것은 그러한 문제들이 발생할 때마다 즉각 정부가 움직이지는 않는다는 것이다. 정부가 사회문제를 인지하고 이에 대한 다양한 해결책들을 제시하고 그에 따른 대안들을 평가한 후 최적의 대안을 선택하는 형태로 일련의 단선적인 과정에 의해서 이루어지지 않는 경우도 빈번하다. 즉 사회의 문제와 기존에 존재했던 다양한 대안들이 뒤섞이다가 어떠한 특정 상황에서 정책으로 만들어지기도 한다. 그렇다면 이러한 '비정형적'인 정책결정을 가장 적합하게 설명할 방법은 무엇일까?

대안: 기존의 정책결정모형과는 다른 새로운 정책결정모형을 만들자

킹돈은 『문제, 대안, 그리고 정책』Agendas, Alternatives, and Public Policies, 1984이라는 저서에서 이러한 고민을 해결할 수 있는 새로운 정책결정모형을 소개했다.

킹돈과 같은 고민은 정책학에서 늘 있어 왔던 고민이지만 그전까지의 정책결정에 대한 많은 이론과 모형들은 현실의 정책결정과정을 설명해 주기에는 부족함이 있었다. 이러한 문제에 대해 킹돈과 맥을 같이하는 전통적인 모형으로는 코헨Cohen, 마치March 그리고 올슨Olsen의 '쓰레기통모형'이 있다. 사무실에 각종 서류를 버리는 쓰레기통을 생각해 보자. 여러 종류의 쓰레기가 들어 있겠다. 보고서 쓰다가 오타가 있어서 버렸던 서류, 각종 공문서들, 신문 스크랩, 혹은 중요했지만 쓰레기를 버리다가 섞여서 쓰레기통에 들어가게 된 메모도 있을 수 있다. 어느 날 중요한 일이 있는데 책상을 아무리 뒤져도 보이지 않아 쓰레기통을 뒤졌더니 그 메모가 발견될 수 있을 것이다.

쓰레기통모형은 이러한 상황을 정책결정에 적용한 것이다. 정책이라는 것이 정해진 순서에 의해서 이루어지는 것이 아니라 쓰레기통 속의 쓰레기처럼 뒤죽박죽 움직이다가 어느 날 쓰레기통에서 필요한 서류를 다시 찾아내듯 우연한 상황에서 결정이 이루어진다는 것이 쓰레기통모형의 핵심이다.

킹돈은 이러한 쓰레기통모형의 기본 아이디어를 빌려와 새로운 정책결정모형인 '정책흐름모형'Policy Stream Model을 만들었다.

그럼 킹돈의 정책흐름모형을 좀 더 자세히 살펴보자. 결론부터 말하자면, 정책흐름모형은 정책문제의 흐름Problem Stream, 정책대안의 흐름Policy Stream, 정치의 흐름Politics Stream의 3P를 중요한 변수로 보고 있다. 킹돈은 이러한 문제·대안·참여자·기회 등이 결합되면서 정책의제가 형성된다고 말했는데, 그는 이것을 정책의 창Policy Window이 열리는 것이라고 표현했다.

그럼 먼저 '정책문제의 흐름'부터 설명해 보자. 정책문제는 정부공직자, 그리고 그 공직자와 밀접하게 관련되어 있는 정부 외의 사람들이 특정 시기에At any given time 깊이 있게 관심을 기울이고 있는 일련의 주제나 문제들의 목록을 의미한다. 결국 어떤 문제가 정부의 관심 대상이 되느냐의 여부는 정부안팎의 정책결정자가 그 문제를 어떻게 인지하고 정의하느냐에 달려 있다는 것을 의미한다.

다음으로 '정책대안의 흐름'을 살펴보자. '정책대안의 흐름'은 선택의 과정으로 간주되는데, 킹돈은 이것을 정책의 원시 수프Policy Primeval Soup라고 칭했다. 대안을 생성하는 과정은 의제를 설정하는 과정에 비해 덜 가시적이며, 정책대안은 '정책문제의 흐름'과는 별개로 독립적인 흐름으로 구성되어 있다고 한다. 정책대안은, 학자, 연구자, 옹호자, 컨설턴트, 공직자, 분석가 등을 포함한 전문가 집단으로 구성된 정책공동체Policy Community 내에서 논의되고 제시되기 때문에, 정책공동체가 분화되어 있을수록 더욱 다양한 대안의 흐름이 가능해진다고 볼 수 있겠다.

그럼 '정치의 흐름'은 무엇을 의미하는 걸까? 정치 역시 독자적인 흐름을 갖고 있다고 한다. 정치는 역시나 여론, 정권의 교체, 국회 의석수의 변화, 이익집단의 압력 등에 의해 영향을 받는 흐름을 갖고 있다고 말하고 있다. 이것은 우리의 정치를 봐도 쉽게 이해할 수 있겠다.

그런데 여기서 한 가지 의문이 생기지 않는가? 정책문제와 정책대안 그리고 정치가 서로 아무런 관련 없이 독립적인 흐름을 갖는다면, 이들은 언제 어떻게 결합되는 것일까? 킹돈은 여기서 '정책의 창'이라는 개념을 적용하였다. 즉, 점화장치Triggering Device의 역할을 하는 어떤 사건킹돈은 이를 초점사건Focusing Event이라고 불렀다이 발생하면 독립적으로 흐르던 세 흐름이 하나로 결합하며, 이로 인해 '정책의 창'이 열린다고 설명한다.

킹돈은 점화장치의 역할을 매우 강조했는데, 정치적 사건Political Event과 극적 사건Dramatic Event이 있는 경우 정책의 창이 열린다고 설명하고 있다. 특히 극적 사건은 특정 사회문제에 대해 심각성을 알리고 여론을 환기하는 역할을 해서 새로운 정책의 창이 열리는 기회가 된다. 예를 들면, 대구 지하철 참사, 연평도 포격사건, 9·11 테러와 같은 것은 극적 사건이라고 할 수 있다. 대구 지하철 참사로 인해 수백 명의 인명피해가 발생했고, 그로 인해 우리나라 대중지하철 재난안전대책이 새롭게 강구되었다. 미국의 경우도 9·11 테러로 인해 뉴욕의 세계무역센터가 무너지는 극적인 사건이 발생하고 나서 미국의 국토부가 새로 신설되는 등 미국의 재난안전정책이 새로 형성되었다.

2011년 영화 '도가니'를 기억하는가. '도가니'가 개봉된 후 아동 혹은 청소년들이 무방비적으로 당하게 되는 성폭력이 우리 사회의 핵심 이슈로 부상하였다. 인터넷을 비롯한 다양한 신문이나 언론매체는 영화 '도가니'에서 촉발된 점화장치를 계기로 아동 성폭력은 우리 사회의 핵심 아젠다가 되었다. 하지만 성폭행과 관련된 언론이나 대중의 관심은 겉으로 드러나진 않았지만 늘 있어 왔던 것이 사실이다. 그런데 왜 이 영화가 사회적인 이슈가 되고 난 후에야 법률의 개정을 통한 입법정책의 변화와 다양한 행정의 변화가 나타났을까? 이는 킹돈의 정책흐름모형을 빌어 설명할 수 있다. 우선, 성폭행이라는 정책문제의 흐름은 늘 있어 왔다. 둘째, 성폭행 문제에 대한 여러 가지 해결방법도 있어서 정책대안의 흐름도 있어 왔다. 셋째, 정치적 흐름으로서 성폭행 문제에 대한 국민들과 정치인, 관료들의 관심도 있어 왔다. 하지만 중요한 점은 영화 '도가니'가 정책의 창이 열리게 한 점화장치의 역할을 한 것이다. 이 영화에서 보여 준 극적 사건의 성격을 지닌 장애인에 대한 성폭행에 대한 국민적 충격과 분노가 여론을 형성하고 정부에 압박을 가하게 되었다. 그래서 2011년 11월 기존 법령을 개정해서 장애인 성폭행 방지법, 일명 '도가니법'이 시행되기에 이른 것이다. 영화 '도가니'가 점화장치로서 핵심 역할을 한 셈이었다. 이처럼 정책학자의 주요이론모형을 우리 사회의 중요한 이슈에 대입하여 생각해 보는 것도 흥미로운 공부에 많은 도움이 될 것이다.

초점: 정책흐름모형

키워드는 정책흐름모형이다. 킹돈은 기존의 정책결정모형들과는 달리 정책의 결정은 일정한 규칙을 가지고 이루어지는 것이 아니라, 특정한 상황, 즉 정책의 창이 열리는 순간에 정책결정이 이루어진다는 정책흐름모형을 제시했다.

정책흐름모형은 현 상황에 있어서 충분한 설명력을 지니고 있다. 특히 극적인 사건을 통해 정책의 점화장치가 생기고 그로 인해 정책의 창이 열린다는 개념은 매우 매력적이라고 볼 수 있다. 특히 이 모형에 의하면 정책결정에 있어서 중요한 것은 정책결정집단만이 아니라는 점이다. 정책이 될 수 있도록 하는 정치적 환경, 그리고 사회문제의 정책문제로의 전환을 위해 사회구성원이 어떤 영향을 줄 수 있을지 생각해 보게 해 주기 때문이다. 바로 이 글을 읽고 있는 독자들도 사회 공동체를 구성하는 정책문제에 대해 평소에 관심을 기울이며, 우리 공동체에 존재하는 문제들을 해결하고자 하는 의지를 가질 필요가 있다. 우리 사회의 문제점들을 해결하고 보다 나은 공동체를 만들기 위한 노력을 하다 보면, 결국 그런 것들이 모여 우리의 사회를 좀 더 나은 사회로 만드는 기회의 창Opportunity Window으로 작용하기 때문이다. 그러한 작은 노력들이 모여 우리 사회는 좀 더 살기 좋은 아름다운 공동체가 되는 것이 아닐까?

킹돈의 생애사

킹돈John Wells Kingdon은 1940년에 태어났다. 그는 오벌린Oberlin대학에서 인문학 학사Bachelor of Arts와 위스콘 신대학교 메디슨캠퍼스에서 정치학 박사학위를 받았다. 그는 현재 앤 아 버Ann Arbor에 위치한 미시건대학교의 정치학 명예교수이다. "American

Academy of Arts and Sciences"의 특별회원Fellow이며, 또한 "John Simon Guggenheim"과 "Center for Advanced Behavioral Studies at Stanford"의 특별회원이다.

그는 그의 저서 『문제, 대안, 그리고 정책』Agendas, Alternatives, and Public Policies, 1984으로 미국 정치학협회의 공공정책 부분에서 공공 정책 연구에 대한 지속적인 공헌을 인정받아 1994년에 Aaron Wildavsky 상을 수상했다. 그의 또 다른 저서로는 『특이한 미국』 America the Unusual, 1999과 『미국의회의 정책결정』Congressmen's Voting Decisions, 1973이 있다.

정책학에서 킹돈이 중요한 학자로 언급되는 이유는 바로 킹돈이 전통저인 정책학 이론을 발전시켜 '정책의 탄생'과정을 정책흐름모형 Policy Stream Model을 통해 설명하였기 때문이다. 그는 코헨Cohen과 마치March, 올슨Olsen의 쓰레기통모형Garbage Can Model의 관점에 기 초하여 사회문제와 정책대안, 정치적 상황들이 별개로 진행되다가 어떤 사건을 계기로 결합하는 순간 정책의 창이 열리는 것으로 보았다. 이 이론은 정책연구에 많은 영향을 끼쳤는데, 특히 짜하리어디스 Nikolas Zahariadis에 의해 다중흐름모형Multiple Stream Framework으로 발전하여 정책 산출Policy Output의 과정을 문제의 흐름, 정치의 흐름, 정책의 흐름이 결합하여Coupled 정책선도자Policy Entrepreneurs에 의해 정책의 창Policy Window이 열리는 과정으로 보는 분석틀로 구조화되었다. 그리고 이렇게 구조화된 틀은 각 흐름들의 구체화된 구성요소와 정책선도자의 접근방식, 자원, 전략 등과 같은 조건, 그리고 정책이 결합하는 논리와 결정양식 등을 포함하고 있어 정교한 형태로 발전하게 되었다. 이처럼, 킹돈의 정책흐름모형은 사회에 존재하는 여러 가지 사회 문제 중 어떠한 문제가 행정의 대상이 되는 정책으로 발전하는지를 설명하는 데 큰 기여를 하였고, 지금도 많은 연구에 킹돈의 모형이 활용되고 있다.

정책옹호연합모형의 옹호자, 사바티어Paul A. Sabatier 이야기

사바티어의 고민: 기존의 정책과정이론은 실제 정책현상을 제대로 설명하고 있는가?

사바티어Paul Sabatier는 미국 정책학계에 매우 영향력 있는 학자다. 그의 정책집행 연구는 행정학이나 정책학 초기에는 거의 관심을 받지 못했다. 그렇지만 1960년대 후반 미국을 중심으로 정책집행에 관한 관심이 서서히 형성되고, 1970년대에는 정책집행에 관한 연구들이 상당히 진행되었다. 1970년대 이전에 정책집행에 관한 연구에 대한 관심의 부족은, 정책은 결정되고 나면 행정부와 같은 정부 관료제에 의해서 기계적으로 진행될 것으로 여겼기 때문이다.

하지만 이러한 낙관적인 견해는 현실과는 괴리가 있었다. 단선적인 구조로 정책현상을 파악하기에는 사회가 복잡하고 불확실성이 매우 커졌기 때문이다. 따라서 사바티어는 정책집행의 효율적인 수행을 위해 정책집행과정 전반에 대한 체계적인 이해를 돕기 위한 입체적 개념틀이 필요하다고 생각했다.

정책은 대부분 다양하고 많은 행위자가 참여하고 있다. 그리고 이 행위자들은 자신들이 포함되어 있는 특정 정책에 개입하여 자기들의 이익을 추구하거나, 자신들의 영향력을 행사하려고 한다. 결국 모두 자기에게 유리한 방향으로 정책이 이루어졌으면 하기 때문이다. 물론 이 과정에서 모두에게 유리한 방향으로 정책이 이루어지는 것은 사실상 불가능하다. 정책과정에 참여하는 이해관계자들 사이에는 가치배분 문제를 두고 심각한 갈등이 존재하기 때문이다.

다양한 행위자가 참여하고 있는 정책이 오랫동안 표류하고 있다가 집행되기도 하고 사라지기도 하는데, 사바티어는 어떤 요인들에 의해 이러한 일들이 발생하는지가 궁금했다. 바로 이런 것들이 사바티어의 고민이었다.

현실적으로 보통 중요한 정책 사안에는 수백 명의 행위자가 개입되고 정책과정도 10년 이상 진행되는 것들도 많다. 또한 한 정책 안에서 여러 개의 정책 프로그램이 함께 진행되기도 한다. 과연 전통적인 정책과정이론은 이러한 현실적인 정책현상을 제대로 설명하고 있는가? 과연 정책현상은 의제설정→정책결정→정책집행→정책평가처럼 단선적인 구조로 진행되는 것인가? 그리고 정책과정에서 진행되는 다양한 관계자 그룹 간의 갈등양상이나 이해관계 혹은 이념 등을 잘 반영하여 설명하고 있는가?

정책과정에 영향을 끼치는 관계자 그룹들은 어떻게 형성되는 것인가? 또한 관계 그룹끼리의 상충되는 이해관계를 어떻게 해결하여 정책을 결정하는가? 그리고 정책에 영향을 끼치는 변수들에는 어떠한 것이 있고, 또 그 변수들은 어떠한 성격을 갖는가? 그 변수들은 또 관계자 그룹에 어떤 영향을 끼치는가?

대안: 단선적 정책과정모형을 넘어선 입체적인 정책모형을 만들자

사바티어는 그의 저서 『정책과정이론』Theories of the Policy Process 에서 이러한 고민에 대한 해결책을 제시하고 있다. 그는 자신이 제시한 입체적인 정책모형을 정책옹호연합모형Advocacy Coalition Framework 이라고 명명하면서, 정책하위체제에서 이해집단 간의 상호작용에 대한 분석이 중요하다고 보았다.

그는 정책형성과정을 연합 간의 게임과 협상 과정으로 보았다. 그는 신념체계를 공유하는 지지연합이 변화됨으로써 정책변동이 발생한다고 설명하면서, 이때 정책공동체 또는 정책네트워크의 역할이 중요하다고 보았다. 서로 다른 의견을 가진 다양한 행위자들이 유사한 신념체계에 따라 몇 개의 집단을 형성하고, 규모가 작은 집단의 경우 집단 간 연합을 통해 정책을 주장하기 위한 힘을 형성한 후, 대등한 연합의 대표자들이 협상을 시작하지만 집단들의 힘의 정도가 비슷한 경우에는 협상은 진척되지 않는 경우도 많을 것이다. 이때 정책 중개자정부 혹은 시민단체가 협상의 결론을 짓도록 유도하는 역할은 매우 중요하다.

이처럼 사바티어의 문제의식은 복잡한 정책과정 그리고 다양한 행위자들이 참여하는 정책과정을 좀 더 적절하게 설명할 수 있는 틀모형을 개발하는 데 있었다.

쉽게 말해 예전의 이론연구들은 정책이 발생하는 과정에 대해 매우 단선적이고 일방향적으로 진행된다고 생각했다. 즉, 의제설

정→정책결정→정책집행→정책평가의 과정을 단계적으로 거친다고 본 것이다. 하지만 사바티어는 이러한 단계적, 일방향적 사고는 현실을 설명하는 데 많은 한계가 있다고 주장했다.

쉽게 생각하여, 고등학교 교실에서 환경미화 심사를 받기 위해 교실을 어떻게 꾸미는 것이 좋을지 선생님과 학생들이 고민한다고 가정해 보자. 기존의 연구에서는 먼저 환경미화가 어떻게 꾸며져야 하는지에 대한 문제를 논의하고 나서, 그러한 논의를 통해 환경미화의 방법을 정하고, 그것을 실천하는 하나의 단계적 과정을 차근차근 밟는 것으로 설명했다.

그런데 사바티어가 말한 정책옹호연합모형ACF에서는 꼭 이런 단선적 과정을 거치지 않을 수도 있다고 보았다. 그리고 더 중요한 것은 정책이 만들어지는 과정에서 비슷한 생각을 가진 사람들이 끼리끼리 모여서 자신의 주장이 반영될 수 있도록 노력한다는 점이다. 어떤 학생들은 그냥 깨끗하고 깔끔한 것이 가장 좋다고 생각하는 반면, 또 어떤 학생들은 화려하게 그림도 그리고 종이도 붙여 예쁘게 꾸미는 것이 좋다고 생각한다는 것이다. 그럼 각자의 생각을 가진 사람들이 똘똘 뭉쳐서 서로 자신의 의견이 맞는다고 주장할 것이다. 이렇게 똘똘 뭉치는 과정에서 '옹호연합' 즉 서로 자신의 생각이 옳다고 옹호하는 집단이 생긴다고 설명한다. 이제 옹호연합이 무엇인지 알 수 있을 것이다.

초점: 정책옹호연합모형(ACF: Advocacy Coalition Framework)

사바티어는 자신의 고민에 대한 해결방법에 대하여 한 눈에 보기 쉽게 설명을 하고 싶었다. 그래서 하나의 연구모형도식화된 설명을 제시하였는데, 그것이 바로 정책옹호연합모형ACF: Advocacy Coalition Framework이다.

옆에 보이는 그림은 ACF정책옹호연합모형를 간단하게 그려놓은 것이다. 물론 이 그림이 ACF의 전체 모형은 아닌데, 지금은 ACF가 무엇인지를 이해하기 위해서, 일부 모형만을 그려놓았다.

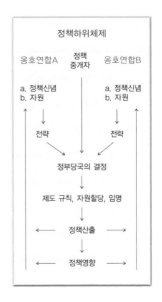

옹호연합 A와 B가 보이는가? 그것이 학생들 집단이고, 각 집단은 자신의 의견이 옳다고 주장을 하는 것이다. 그런데 근거 없는 밀어붙이기 식이면 상대방을 설득할 수 없으니까 가장 효과적으로 설득할 수 있는 '전략'을 고민하게 된다. 그리고 반장이나 부반장은 이러한 설득과정에서 혹시 몸싸움이나 말다툼이 생기지 않고 원활하게 설득과정이 이루어질 수 있도록 '중개자정책중개자'의 역할을 수행한다. 이러한 설득과정을 통해 선생님은 어느 입장이 더 좋은 환경미화를 할 수 있는지 결정한다. 물론 선생님이 이렇게 큰 힘을 가지고 결정을 하지 않는 경우도 많지만 여기서는 편의를 위해 이 교실에서 선생님이 최종 결정권을 가지고 있다고 생각해 보자.

그래서 어쨌든 결과적으로 화려하게 꾸미는 것이 더 좋은 정책이라고 결정이 되면, 이제는 최대한 효과적이고 능률적으로 교실을 꾸미기 위해 누가 그림을 그리고 종이를 오릴지, 그리고 그에 대한 비용은 어떻게 나눌지, 각각에 대한 책임자를 정하는 과정을 거친다. 이런 과정을 다 거치면 교실 미화가 완성될 것이다. 그런데 만약 그렇게 했는데 생각보다 안 예쁘고, 아직 심사기간까지는 조금 여유가 있다면, 다시 조금 더 고치자는 이야기가 나올 것이다. 그럼 처음에 화려하게 꾸미자고 얘기했던 학생들 중 일부는 그냥 깔끔한 게 더 나을 것 같다는 쪽으로 생각이 바뀔지도 모른다. 그리고 이러한 학생들생각을 바꾼 학생들이 많으면 결국 다시 깔끔한 미화를 하자는 정책이 선택될 것이다. 이러한 선택의 변화가 바로 정책의 변동이다.

실제 정책에서는 의약분업 갈등처럼 의사집단과 약사집단의 대립, 한·양약 분쟁처럼 한의사집단과 의사집단의 대립, 원전갈등을 두고 대립하는 지지그룹원전산업과 반대그룹환경단체의 대립 등을 사바티어의 정책옹호연합모형으로 분석할 수 있다. 현대사회에서는 하나의 사안을 놓고 대립하고 갈등하는 다양한 이해관계세력이 많기 때문에 사바티어의 정책모형은 매우 활용도가 높다고 볼 수 있다.

쉬어가는 코너 사바티어와 대형마트(SSM) 이슈 ································

대형회사와 중소상인들이 서로 상생 협력할 수 있는 문제해결 방법에 대하여 한번 생각해 보자. 2012년 18대 대통령 선거가 진행되면서 가장 큰 이슈가 '경제민주화'였기에, 당시 대형마트 휴일영업 규제에 대해서도 한창 이슈가 되었다. 유통시장개방에 따라 이전 10여 년간 대형마트SSM의 증가와 함께 나타난 중소상인의 생존권 위협과 양극화 문제 등으로 SSM 규제정책의 도입 필요성에 국민적 논쟁이 있었다. 이러한 문제도 사바티어의 옹호연합모형ACF을 통해 분석해 볼 수 있다. SSM규제옹호연합과 규제반대옹호연합의 오랜 대립과 갈등과정이 있었기 때문이다. 이 사례에서 보면 상대적으로 힘이 약했던 중소상인들은 '전국 중소상인 살리기 유권자연합'을 출범하는 등 보다 조직화된 집단행동 수준을 높여갔고, 이렇게 축적된 힘은 SSM 규제를 찬성하는 방향으로 강력하게 작용했다. 그 결과 SSM을 규제하는 방향으로 정책이 만들어지게 된 것이다. 이처럼 정책학자의 모형은, 단순히 교과서적 이론모형으로만 그치지 않고, 우리 사회의 현실적 쟁점들을 이해하는 데 혹은 그 쟁점들이 어떤 방향으로 결정되었는지를 설명하는 데 중요한 분석기준 혹은 개념적 틀을 제공해 준다. 이러한 공부를 실사구시적 학습이라고 부른다.

··

여기에서는 이해하기 쉽게 단 두 개의 옹호연합만을 예로 들었는데, 실제 정책상황에서는 그렇게 간단치 않을 수도 있다. 서로 다른 이해이익관계와 성향, 가치관을 가지기 때문에 이러한 옹호언합은 정말 매우 다양하게 나타날 수도 있다. 따라서 이러한 다양한 옹호연합을 분류해 보고 각각의 연합이 가지는 핵심전략설득하기 위한 방안, 주장내용을 도출하고, 또 그 외에 여기에 영향을 미치는 다양한 사회적 분위기 등 외부적인 상황까지 고려하여 도식화하면 보다 이해하기 쉬울 것이다. 바로 이것이 사바티어가 복잡한 정책현상과 과정을 입체적으로 이해하고 설명하기 위해 제시한 ACF의 의도이자 목적이기도 하다.

사바티어의 생애사

사바티어Paul A. Sabatier는 1944년 뉴욕에서 태어났다. 고등학교는 미들랜드에 있는 미들랜드고등학교를 다녔다. 대학은 시카고에 있는 매사추세츠대학을 다녔으며, 정치학을 전공하였다. 박사학위는 시카고대학 정치학과를 다녔으며, 박사학위 논문은 "사회 운동과 규제 기관:  NAPCA-EPA 시민 참여 프로그램"이라는 주제로 작성하였다. 캘리포니아대학교 데이비스에서 조교수와 부교수를 거쳐 현재까지 교수로 재직하고 있다.

대학에서는 공공정책, 환경정책, 정책결정, 환경정책의 윤리 문제, 연구 방법 및 설계, 토지 이용 정책 및 기획을 중심으로 학생들을 지도하고 있다. 또한 현재 환경 정책과 기획의 학회지, 유럽의 공공 정책의 학회지, 정치학의 스위스 학회지 등에서 편집위원직을 수행하고 있다.

그의 주된 연구분야는 오랜 기간 동안 공공 정책의 변화에 영향을 미치는 요인에 대한 분석이었다. 그 과정에서 과학적 정보에 대한 역할, 정책 실행, 정책 엘리트의 신념체계의 역할에 대해 중요하게 분석하였다. 미국과 서부유럽의 토지 사용과 공기 오염에 대한 정책, 샌프란시스코 베이 레이크 차호의 수질에 관한 연구, 다양한 이해 관계자의 파트너십의 성공에 영향을 미치는 요인, 그리고 다양한 이론의 응용에 대해 관심을 가지고 있다. 특히 베이 레이크 차호의 수질에 관한 연구는 수십 년 동안 변화하는 연합들 간의 신념변화가 정책 변화에 어떻게 영향을 미치고 있는지 정책옹호연합모형을 적용하여 설명하고 있다.

사바티어를 생각하면 빼놓을 수 없는 이론모형이 바로 정책옹호연합모형이다. 정책변동이 외부환경적 요인과 정책지향학습Policy-Oriented Learning의 작용으로 인한 정책체제나 지지연합Advocacy Coalition의 변동에 의하여 발생한다는 것을 핵심 내용으로 하는 정책변동모형이다. 이 이론모형은 현재 세계적으로 정책학자들 사이에 광범위하게 사용되고 있으며, 많은 학자가 다양한 분야에서 적용하여 설명하고 있다.

사바티어는 현재 캘리포니아대학교 데이비스에서 환경과학정책학부 교수로서 재직하고 있으며, 정책집행과정 전 분야에 대한 체계적이고 포괄적인 이해를 돕기 위한 개념적 분석모형을 정립한 학자로 높게 평가받고 있다.

CHAPTER

VII

공통분모 찾기: 행정학의 역사이야기

Chapter Ⅶ
공통분모 찾기: 행정학의 역사이야기

　지금까지 참으로 숨 가쁘게 달려왔다. 우리는 지금까지 정부조직의 기본모형인 관료제를 주창한 웨버Weber, 정치로부터 행정의 독립을 주장한 윌슨Wilson, 과학적 관리법의 테일러Taylor, 정치행정 일원론의 배경이 된 루즈벨트Roosevelt, 행정과학의 원리를 주장한 사이먼Simon, 발전행정의 원리를 주장한 와이드너Widener, 비교행정의 원리를 내세운 리그스Riggs, 신행정학의 대가 왈도Waldo, 정책학의 창시자 라스웰Lasswell, 정책결정모형의 앨리슨Allison, 정책분석 기준의 던Dunn, 신공공관리와 기업가적 정부의 배경이 된 앨고어Al Gore, 거버넌스 모형의 피터스Peters, 신제도주의 모형의 오스트롬Ostrom, 정책흐름모형의 킹돈Kingdon, 정책옹호연합모형의 사바티어Sabatier 등 행정학계의 거장들은 거의 다 살펴본 것 같다.

　자, 지금까지 행정학의 살아있는 전설들을 만나 본 느낌은 어떠한가? 어떤 것을 느낄 수 있었는가? 진정한 거장들의 생애사를 보면서 그들의 진지한 고민이 배어 있는 학문에 대한 사랑을 느낄 수 있었는가? 일반적 위인전과는 또 다른 그들의 공동체 사랑과 학술적 고민을 읽을 수 있었는가?

행정학의 거장들은 각자 고유한 시대를 살면서 그 시대의 고민과 성찰을 통해 그들만의 학술적 모형과 해결책을 제시하였다. 그리고 이들이 제시한 학문적 렌즈와 모형들은 우리 사회현상^{행정현상}을 좀 더 깊이 있게 이해할 수 있도록 도와주었다. 나아가 이들의 노력을 통해 우리 사회는 좀 더 아름다운 공동체 만들기에 한 걸음 더 다가갈 수 있었다.

꿈과 희망의 공동체, 정의와 공익의 공동체, 인간의 존엄성이 지켜지는 배려와 나눔의 공동체로서 말이다. 그것이 바로 루즈벨트가 꿈꿨던 자신감 회복과 희망의 공동체, 앨고어가 꿈꿨던 창의와 혁신의 정보고속도로, 애플비가 꿈꿨던 진정한 공익의 실현, 와이드너가 꿈꿨던 목적지향적 행정의 실현, 왈도가 꿈꿨던 가치지향적 정부의 실현, 그리고 마지막으로 라스웰이 꿈꿨던 인간의 존엄성이 실현되는 민주주의 정책학의 실현이 아니었을까?

이 장에서는 이들이 펼친 이론과 주장들을 한번 종합적으로 정리해 보기로 하자. 그 과정에서 우리는 어쩌면 이러한 거장들이 말한 스토리들의 공통분모를 찾을 수 있을지도 모른다.

윌슨 이야기: 정치로부터 행정의 독립(1887)

행정학을 이야기할 때 빼놓을 수 없는 학자가 우드로 윌슨 Woodro Wilson이다. 사실상 현대적 의미의 행정학 창시자이기 때문이다. 미국의 제28대 대통령이자 프린스턴대학의 총장을 지냈던 그는 1887년 『행정의 연구』The Study of Administration라는 논문에서 행정을 정치로부터 독립시켜 행정학이라는 학문을 정립시켰다. "행정이라는 분야는 곧 경영의 분야The field of administration is the field of business이며, 행정 연구의 목적은 집행이 혼란 없이 적은 비용으로 이루어지게 하며 지속적인 원리에 따라 수행되게 하는 것"이라고 주장했다.

나아가 윌슨은 "정치는 그 자체로 거시적이고 보편적인 국가작용임에 반해, 행정은 개별적이고 구체적인 작용"이라는 점을 강조하여, "행정문제는 정치문제가 아니다"Administrative questions are not political questions라고 주장하였다. 행정학은 정치학과 다른 독립적인 영역이라는 것이다. 당시 미국에는 대통령이 바뀌면 행정부서 하위조직까지 모두 대통령의 사람들로 교체하는 엽관주의 인사제도가 만연하였는데, 행정은 정치와는 독립된 영역이므로 아무리 정권이 바뀌더라도 이렇게 하면 안 된다는 점을 역설하는 것이기도 했다. 엽관주의야말로 국가행정을 마비시키고, 국가행정의 연속성과 경쟁력을 좀 먹게 한다는 윌슨의 일갈−喝이라고 할 수 있었다.

한편 행정연구는 미국이 아니라 원래 독일과 프랑스에서 전통적으로 관방학이라는 학문을 통해 오랜 역사 속에서 발달되어 왔다. 특히 웨버M. Weber라는 학자는 관료제라는 조직모형을 발전시켜 온 바 있는데, 행정은 고도의 전문성을 띤 유능한 관료집단에 의해 수행되어야 하며, 분업의 원리, 명령과 통솔의 원리, 서면주의와 합리주의 등의 원리에 의해 비정의적Impersonal으로 수행되어야 한다고 주장했다.

이에 웨버와 윌슨의 앞 글자를 따서 웨버-윌슨식 패러다임 Weberian-Wilsonian Paradigm은 행정학 연구의 본류를 형성해 왔다고 할 수 있다. 즉, 행정은 정치와 엄격히 분리되는 현상이며정치-행정이원론, 과학적이고 객관적인 관리의 능률성을 추구하며과학적 관리, 분업에 의한 전문화와 공식화된 규칙에 의한 지배관료제론라는 원칙은 전통적 행정학의 주류를 이루어 온 관점이 되었다.

1930년대 세계 대공황: 정치와 행정은 하나다(정치행정일원론)

행정이 정치와 다른 경영기술적 작용임을 강조한 고전적 패러다임은 1930년대 세계 대공황 시기에 뉴딜New Deal 정책을 거치면서 도전을 받기 시작했다. 이는 뉴딜 정책결정에 참여한 학자들의 경험 결과 행정부의 정치적 기능과 행정적 기능을 분리하는 것은 아무래도 논리적으로 잘 맞지 않다는 것을 체험했기 때문이었다. 또한, 이원론도 다분히 반엽관주의Anti-Spoils라고 하는 정책적 의

도를 지니고 제기된 것인데, 1930년대 당시에는 윌슨 시대와는 달리 이미 엽관주의Spoils 폐해도 극복되었기에 더 이상 이원론을 고집할 필요도 없었던 것이었다. 이러한 상황에서 행정은 역시 정치의 연장선상에서 파악해야 한다는 주장들이 등장하였는데, 이를 행정학에서는 정치행정일원론이라고 한다.7)

1940년대 행정행태주의: 행정학의 과학화(새이원론)

1940년대에는 새이원론이 등장하였다. 새이원론의 기폭제는 사이먼H. A. Simon의 『행정행태론』Administrative Behavior, 1947이었는데, 이 책에서 사이먼은 행정연구의 과학화를 위해 가치명제와 사실명제를 구분하자고 주장했다. 즉, 행정연구의 과학화를 위해서는 주관성과 가치명제가 배제된 사실명제만을 연구대상으로 삼아야 한다는 것이다. 특히 조직에서의 인간의 행태에 대한 가설을 세우고, 가설을 검증하려는 일련의 조사방법론적 노력을 통해 이론을 정립해야 한다는 주장을 펼쳤는데, 이를 논리실증주의라고 한다.
그리고 이러한 논리실증주의가 행정에 적용된 것을 특정화하여 행정행태주의라고 부른다.

1960년대 발전행정론: 행정영도론(새일원론)

1960년대 에스만, 와이드너M. J. Esman, E. W. Weidner 등에 의하여

발전행정론이라는 관점이 등장했다. 이들은 1950년대 비교행정을 연구하던 학자들이었는데, 이들이 후진국에 관한 연구를 해보니 선진국의 상황과는 많이 다르고, 후진국의 경제·사회발전을 위하여 행정이 정치를 영도해 가야 한다는 새일원론이라는 주장을 펼치게 되었다. 이러한 주장을 하는 이유는 개도국에 있어서 빠른 발전이 필요하고, 이러한 발전을 담당할 조직력이 경영인이나 정치인에게서 찾을 수 있는 것은 아니며 기댈 수 있는 것은 행정관료 조직밖에 없기에 행정관료를 통한 사회의 계획된 변화의 도입이 필요하다는 것이었다.

과거 1887년에 행정학 창시자 윌슨은 정치로부터 행정의 피해를 극복하기 위해 행정학의 독립을 주장했는데, 어느새 행정이 정치를 오히려 영도해야 한다는 주장까지 제기되었으니 새삼 격세지감隔歲之感을 느끼게 되지 않는가? 이들은 행정과 정치와의 관계에서 전통적인 정치우위론을 뒤집어 행정우위론을 주장하였다행정영도론. 1930년대의 일원론이 정치우위에 입각한 정치와 행정의 불가분한 관계를 강조한 것이었다면, 새일원론은 행정우위에 입각한 행정영도론이라는 점에서 구분되었다.

하지만 리그스F. W. Riggs와 같은 학자는 이러한 주장에 대해 행정이 우월한 입장에서 정치를 영도해 가는 경우 권력자에게 가장 중요한 책임성과 정통성의 문제가 발생하기에 민주주의 관점에서는 주의해야 한다고 경고하기도 했다. 후진국의 경우 관료주의는 또 하나의 중요한 가치인 시민의 자유와 권리를 침해하기 쉽다는 주장이었다.

1960년대 후반 신행정학(후기행태주의의 대두)

미국사회는 1960년대 그야말로 소용돌이의 장Field of Vortex, 격변의 시대Age of turbulence였다. 월남전 패배, 흑백갈등, 인권의 문제, 소수민족 문제, 루터 킹 목사의 암살, 로버트 케네디 암살 등으로 점철되는 등 사회가 격변의 혼란을 빠져나오기 어려운 시기였기 때문이다.

신행정학은 1960년대 후반 미국사회의 이러한 총체적 혼란을 해결하지 못하는 학문의 무력함에 대한 반성으로 나타났다. 대표적인 학자로는 왈도, 프레드릭슨Waldo, 1971; H. G. Frederickson, 1980 등이 있다.

앞에서 사이먼H. A. Simon 등에 의해 주창된 행정행태주의는 연구대상의 실증적 연구를 통해 행정현상의 과학화를 이룬다는 점에서는 의미가 있었지만, 엄격한 실증주의를 취하다 보니 연구대상의 범위가 좁혀진다는 문제점도 많이 있었다. 사회현실을 반영하는 중요한 인권이나 가치 혹은 갈등의 문제는 계량화가 불가능하기에 학자들이 회피하는 경향이 있었기 때문이다. 1969년 이스톤D. Easton은 『정치학의 새로운 혁명』New Revolution in Political Science이라는 미국정치학회장 수락연설에서 사회과학이 이제는 행태주의의 한계를 극복해야 한다고 역설하면서, 1) 적절성relevance과 2)

실행action이라는 화두를 제시하기도 했다. 적절성이란 사회과학자가 연구하는 문제가 단순한 통계분석을 넘어 사회제도의 개선을 위해 필요한 것을 다루는 데 적절해야 한다는 것이고, 실행이란 연구결과가 정책을 통해 실행될 수 있어야 한다는 것이다. 이것은 종래의 행태주의에서 소홀히 했던 가치문제, 처방, 사회적 형평성 등을 강조한 것이라고 볼 수 있다.

이보다 앞서 행정학에서는 1968년 왈도D. Waldo 교수를 중심으로 미국 미노브룩Minnobrook회의를 통해 새로운 행정학의 방향 모색이라는 신행정학이 탄생되었다.

왈도 이야기: 가치지향적 행정학

왈도Waldo가 경험한 1960년대 미국의 정치 환경은 실로 소용돌이의 시대였다. 베트남 전쟁의 실패, 인권운동과 그 소요, 그리고 존슨 행정부의 '빈곤과의 전쟁'과 같은 소용돌이치는 정치적 환경과 학원 소요사태, 도시문제에 대한 광범위한 우려, 폭력문제에 대한 관심의 고조 등을 겪은 시대다. 아래 문장들을 보면 이러한 사태들을 목격하면서 시라큐스대학에 근무했던 왈도 교수가 겪었던 충격이 어떤 것인지를 조금 짐작할 수 있을 것 같다.

한 번은 연구실에서 창 밖으로 비치는 학원소요사태를 지켜보면서 충격에 빠졌습니다. … 나는 내 제자들이 경찰 곤봉에 맞아 피 흘리고 끌려가는 모습들을 보면서, 과연 나는 행정학자로서 무엇을 했나 하는 심각한 반성을 하게 되었어요. 연구실 내에만 머무르며 좁은 의미의 행태주의적 논문에만 집착한 것은 아닌가 하는 성찰과 함께, 인권과 형평, 참여 혹은 좀 더 정당한 사회를 외치는 제자들의 요구에 나는 행정학자로서 어떠한 노력을 했는지 진정으로 반성하게 되었어요. 이러한 일련의 배경이 내가 미노브룩에서 신행정학의 모임을 주창한 중요한 동기가 되었지요.

유사한 맥락에서 왈도가 소용돌이의 시대Time of Turbulence 또는 혁명의 시대Time of Revolution로 규정한 1960년대를 알렌 쉭Allen Shick 은 다음과 같이 회고하기도 했다Shick, 1975: 145; 남궁근, 1984: 222에서 재인용.

60년대는 시종일관 소용돌이의 시대였어요. 중요한 사건들과 미래에 대한 열망 때문에 항상 동요했던 시기였지만, 빈곤은 사라지지 않았고, 도시슬럼문제도 해결되지 않았고, 흑인과 백인이 평등해지지도 않았어요. 이러한 문제의식이 신행정학의 중심에 있었지요.

이러한 배경하에 신행정학은 전통적 행정학의 능률지상주의를 탈피하고, 논리실증주의와 행정행태주의를 비판하면서, 참여Participation 및 고객중심의 행정Customer-Oriented Administration, 가치지향적 관리Action-Oriented Administrator, 사회적 형평Social Equity, 비계서적 조직Non-Hierarchical Organization을 주장하게 되었다.

라스웰 이야기: 민주주의 정책학과 탈실증주의

신행정학을 생각하면 정책학이라는 학문을 탄생시킨 라스웰 Lasswell 이야기가 생각난다. 왈도가 했던 신행정학의 주장들을 이미 라스웰이 1951년에 '정책 지향성'The Policy Orientation이라는 논문에서 했기 때문이다. 즉, 그는 인간의 존엄성의 실현이 학문의 궁극적 목표가 되어야 하며, 이를 실현하기 위해서는 정책의 윤리와 가치문제를 적극적으로 다루어야 한다고 주장하였다. 사회적 갈등의 문제, 인권의 문제, 혁명과 변동의 문제, 정의와 형평 등 근본적 가치의 문제들을 연구주제로 적극적으로 삼아야 하며, 이를 해결하는 관점에서도 통계분석뿐만 아니라 심리학, 사회학, 인류학 등 다양한 분과의 학문을 통섭적으로 적용해야 한다고 주장했다.

라스웰은 이러한 문제지향성, 맥락지향성, 연합학문지향성을 지향하는 일련의 학문체계를 민주주의 정책학Policy Science of Democracy이라고 불렀다. 정책학은 현실세계의 문제해결에 도움이 되는 실용주의 학문이 되어야 하며, 이를 위해서는 단순한 행태주의적 실증주의는 극복되어야 한다고 주장했던 것이다. 그의 이러한 탈실증주의적 주장은 1950년대 미국을 풍미했던 행태주의의 바람에 묻혀 큰 반향을 일으키지 못했지만, 1960년대 후반 들어 후기행태주의의 등장과 함께 다시금 폭발적인 관심을 받게 되었다.

1970년대 공공선택론Public Choice

1970년대에 들어와 경제학적 이론을 행정학에 도입하려는 노력들이 두드러지게 되었는데, 이를 공공선택론이라고 한다. 오스트롬 부부Vincent Ostrom & Elinor Ostrom, 민주행정 패러다임, 1972와 같은 학자들은 경제학에서 뷰캐넌과 튤록Buchanan & Tullock 등에 의하여 확립된 공공선택이론을 행정학에 도입하였다. 다른 학자로는 다운스A. Downs, 정책결정의 공공선택론, 1960, 니스카넨Niskanen, 예산극대화모형, 1971도 있다.

이들은 경제학에서 그렇듯이 1) 방법론적 개인주의Methodological Individualism에 입각해서 구조나 집단, 환경 위주의 접근 방법보다 개인중심의 방법론을 취한다. 그리고 2) 경제학에서처럼 합리적인 이기주의Rationalistic Assumption를 가정하여 공공부문의 정책결정 과정에 참여하는 개인은 자기이익을 극대화하려고 하며, 정치인은 득표의 극대화, 시민은 개인적 효용의 극대화, 관료는 예산의 극대화를 추구한다고 생각한다. 즉, 행정관료들이 공익을 추구한다고 하지만 많은 경우 공익이라는 명분 이면에 조직의 이익이나 개인의 이익을 추구한다고 보는 것이다. 이들의 연구는 많은 실증적인 결과를 근거자료로 내놓기도 했는데, 정부가 왜 실패하는지 그리고 왜 관료들이 때로는 사익을 추구하는지에 대해서 많은 경험적 자료를 제시하였다. 예컨대, 한번 만들어진 정부조직은 임무가 완료된 뒤에도 왜 계속 예산을 늘려가면서 존속하게 되는지,

왜 정부관료들은 국민들에게 봉사하기보다 상관의 눈치를 더 살피게 되는지 등에 대해 설득력 있는 연구결과를 내놓았다.

따라서 민주행정을 위해 행정권을 통제하려면 이념이나 윤리로만은 부족하고, 행정관료를 통제할 수 있는 적절한 장치가 필요하다는 결론에 이른다. 그리고 나타난 이념이나 발행된 정책선언들을 문자 그대로 믿을 것이 아니라 실효적인 행정통제를 통해 행정책임을 확보할 필요성도 알 수 있었다.

이러한 공공선택론은 정부 관료제에 의한 정부실패 등의 개념을 제시함으로써 뒤에 보는 신공공관리NPM의 이론적 기초를 제공하였다. 또한, 오스트롬E. Ostrom 등이 제시하듯이, 개인공무원의 행태가 제도적 틀Institutional Arrangement 속에서 어떤 영향을 받고 변화하게 되는지와 같은 합리적 선택 신제도주의 연구가 필요하다는 점을 제공하였다. 결국, 공공선택론은 시민들의 다양한 요구와 선호에 민감하게 대응할 수 있는 제도적 장치의 마련에 관심을 나타내고 있기에 민주행정의 구현이라는 점에서 높이 평가될 수 있다.

1980-1990년대 신공공관리론New Public Management

1970년대는 1973년과 1979년 두 차례에 걸친 중동전쟁과 석유파동 등으로 세계적인 재정압박이 심한 시대였다. 경제적으로도 불황과 함께 고물가가 함께 나타나는 스태그플레이션의 시기였기도 했다. 1979년 집권한 영국의 대처Thatcher 수상, 1980년 미국의 레이건Reagan 대통령은 재정적자 속에서 비대해진 공공부문을 어떻게 축소하고 개혁하여 나라의 살림살이를 효율적으로 만들지에 대해서 고민하게 되었다. 공공부문의 방만한 경영축소, 정부감축, 정부운영의 효율화 등의 논리에 이론적 근거를 제시한 것이 신공공관리론NPM: New Public Management이다. 이는 민간기업의 시장주의경쟁원리와 고객중시와 관리주의경영기법과 관리기법를 행정 분야에 도입한 이론이라고 할 수 있는데, 한마디로 효율성에 초점을 둔 '시장적 정부모형'을 강조하는 이론이라고 할 수 있다. 특히 앞서 말한 공공선택이론Public Choice Theory, 신제도주의이론New Institutional Theory, 주인-대리인이론Principal-Agent Theory, 비용거래이론Transaction-Cost Theory 등 경제학이론을 행정학에 많이 도입한 이론이다.

신공공관리론NPM: New Public Management은 정부가 국가운영의 모든 일을 해서는 안 된다고 생각한다. 정부는 '방향잡기'에 치중하고 민간과 시장을 적극 활용해야 한다고 본다. 따라서 민영화, 민간위탁, 외부발주 등을 통해 공공부문에 경쟁원리를 도입해야 한다는 것이다. 이러한 원리는 그 뒤 1993년에 오스본Osborne과 게블러Gaebler의 '기업가적 정부'Businesslike Government; Entrepreneurship Government 모형에서 잘 정리되기도 했다. 즉, 정부는 공공부문에 시장원리인 '경쟁'competition을 도입하고 관료적 형식주의에서 벗어나 사명감mission을 가지고 고객을 최우선시하는 기업가적 정신을 정부에 도입해야 한다고 주장했다. 또한, 정부는 고객 지향적 정부가 되어야 하며, 최선의 서비스를 고객에게 효율적으로 제공해야 한다는 것이다. 이러한 관점에서 신공공관리론은 정부운영에 시장원리를 도입하고, 경쟁competition, 권한위임empowerment, 책임accountability 및 성과performance 확보 등을 강조하는 이론이다.

2000년대 뉴거버넌스New Governance

1990년대에 들어서면서 세계 환경은 또 다른 변화를 목격하게 된다. 월드 와이드 웹www으로 대변되는 인터넷의 발달, 민주주의와 시민의식의 발달, WTO체제의 출범, 무한경쟁을 통한 신자유주의의 확대 등 또 다른 총체적 환경의 변화를 경험하게 된다.

세계가 무역을 통한 무한경쟁을 경험하는 상황 속에서 국가와 기업들은 점점 더 정부의 효율적 서비스가 국가경쟁력에서 핵심적인 역할을 한다는 것을 느끼게 되었다. 때로는 정부의 무능과 비효율이 기업 경쟁력의 발목을 잡기도 한다는 것을 경험하면서 '정부경쟁력'Government Competitiveness이 중요하다는 사실을 실감하기도 했다. 즉, 기업과 시민들 입장에서 자기들이 내는 세금으로 운영되는 정부와 정책 서비스의 품질에 대한 관심이 높아지게 되었다. 과거처럼 단순한 수동적인 수혜자 입장에서 벗어나 보다 적극적으로 투명하고 품질 높은 정부 서비스를 요구하게 된 것이다.

'보다 더 적은 비용으로 더 효과적으로 움직이는 정부 혹은 정부 재창조'Creating Government that Works Better & Costs Less는 1990년대

초반 시대적인 화두가 되기도 했는데, 실제 이러한 정부혁신 운동의 선봉에는 미국의 앨고어 부통령이 서기도 했다. 이러한 정부 재창조와 혁신운동의 배경하에 발달하게 된 개념이 전자정부이다. 전자정부가 인터넷과 정보통신기술을 활용해 적은 비용으로 국민들에게 보다 편리한 서비스를 제공하는 수단이 되었기 때문이다.

또한, 정부는 사회의 유일한 독점적 지위, 혹은 독단적 결정자에서 벗어나 시장기업, 시민사회NGO와 보다 수평적 관점에서 유기적으로 협력하고 네트워크를 구축해 사회문제를 해결하는 방식을 채택함으로써 점점 더 각광을 받게 되었는데, 이러한 일련의 정부-시장-시민사회의 협치적 국정운영방식을 거버넌스라고 부른다.

세계적인 정부혁신 논의와 노력들이 진행되면서, 전통적인 국가정부, 시장기업, 시민사회NGO라는 3분법의 경계가 점차 희석되고 있고, 각 부문의 독자적인 기능과 역할이 강조되기보다는, 상호 간의 협력과 경쟁을 강조하면서 새로운 대안들을 모색하는 경향이 등장하게 된 것이다. 특히 뉴거버넌스new governance는 정부, 기업, 시민단체 등 정책행위자들의 자치적 거버넌스 혹은 이들 간의 네트워크에 기초한 문제해결 방식을 강조한다Salamon, 2002: 9-19.

쿠이만J. Kooiman, 2003 같은 학자는 거버넌스의 의미를, 계층제를 강조하는 계층제 거버넌스, 공사협력민관협력을 강조하는 협력 거버넌스, 다양한 행위자의 자발적 자치 거버넌스로 구분하고 있다. 이때 뉴거버넌스는 계층제 중심의 명령이나 통제에 기초한 '소수의 관료 지배'에 의한 조정 방식도 아니고, 시장 중심의 가격이나 경쟁에 기초한 '보이지 않는 손'에 의한 조정 방식도 아닌, 신뢰와 협동에 기초한 참여와 네트워크에 의한 문제해결 방식을 강조하는 개념이라고 할 수 있다.

최근에 이러한 뉴거버넌스 개념은 자치 거버넌스Self-Governace, Kooiman, 2003; J. Newman, 2001, 자기조직적 네트워크자기생명적, 자기형성적, 자기진화적 네트워크, Rhode, 1996; Ilya Prigogine, 1984, 자기조정 네트워크G. Peters & J. Pierre, 2005 등에서 보듯이 공통점은 자치 거버넌스와 네트워크 거버넌스라고 볼 수 있다.

다원화·복잡화되어 가는 현대사회에 있어서 정책과정에서 이해집단의 목소리는 점점 커져가고 있으며, 정책집행에 있어서는 과거 고전 행정학에서 추구하던 효과성, 능률성뿐만 아니라, 민주성, 대응성, 투명성, 성찰성까지 고려해야 하는 시대적 배경을 고려할 때 뉴거버넌스가 지니는 의의는 매우 크다고 하겠다.

요약 및 결론: 방법론의 다양화

1880년대에서부터 2000년대까지를 시대별로 훑으니 좀 복잡하기도 하다. 하지만 가정에도 족보가 있듯이, 행정이론도 계보를 잘 꿰는 것은 매우 중요하다.

이에 다시 정리하자면, 정치행정이원론은 전통적 행정학, 일원론, 새이원론, 새일원론은 세계적 대공황과 2차 세계대전을 거치면서 세계적 변동기에 행정학의 과학화와 비교연구가 이루어진

시기로 볼 수 있다. 그 뒤 신행정학과 정책학의 탄생을 거쳐 공공
선택이론의 등장과 함께 행정학에 경제학이론이 도입되면서 방법
론의 다양성의 시대에 들어선 것으로 이해할 수 있겠다. 특히 신
공공관리론은 민간경영의 관리기법을 도입함으로써 행정이론의
효율성 측면에 많은 기여를 하였으며, 이와 함께 최근 등장한 뉴
거버넌스이론은 기업과 시민사회와의 협력 및 네트워크를 강조하
는 등 행정이론의 민주성 측면에 많은 기여를 했다고 평가할 수
있다.

하지만 지식정보사회가 한창 진행되고 있는 초현대사회인 지금
은 어느 한 연구방법론을 고집하기보다는 거버넌스연구, 제도주
의이론, 네트워크 분석 등 다양한 형태의 연구방법론을 통해 정부
운영방식을 분석하는 것이 중요하다고 생각한다. 그 과정에서 정
부연구의 인과적 추론 및 과학적 타당성을 통해 행정연구의 적실
성을 올릴 필요가 있다.

최근의 연구동향을 간략히 정리하면 다음과 같다.

(1) 뉴거버넌스연구New Governance Study: 국가통치체제 전반을 연구대
    상으로 하여, 정책이 진화해 가는 구조와 과정을 연구하는 가운데,
    특히 협력적 거버넌스와 네트워크 거버넌스에 초점을 둔다.
(2) 신제도주의이론Neo-Institutional Theory: 다양한 종류의 제도를 분석
    대상으로 하여 제도적 장치가 인간의 행태에 미치는 영향에 대해서
    분석 초점을 둔다.

(3) 사회네트워크분석Social Network Analysis: 다양한 이해관계자 등 행정 현상의 다양성과 복잡성을 이해하기 위한 도구로서, 정책행위자 간의 패턴화된 상호작용을 분석하는 데 초점을 둔다.

이러한 연구동향은 1) 참여자들의 다양성, 2) 역동적이고 동태적 과정, 3) 행정 및 정책문제의 복잡성, 4) 제도와 행태의 상호작용, 5) 사회네트워크의 중요성 등을 강조하는 공통된 특징이 있다.

에필로그
역사적 행정현상을 바라보는 이론적 렌즈

이제 마무리하면서 지금까지의 요점을 정리해 보기로 하자. 그리고 이들이 우리에게 주는 의미를 종합적으로 살펴보자.

먼저, 전체적인 논의를 정리해 보자.

행정학은 정부운영을 다루는 학문이라고 했다. 어떻게 하면 효율적으로 정부를 운영하며, 이를 통해서 어떻게 하면 국민들의 삶을 보다 편안하고 이롭게 할 수 있는지를 고민하는 학문이라고 할 수 있다. 행정학은 효율적인 운영체계를 연구하다 보니 정부운영 내부의 인사능력 있는 공무원을 채용하는 일, 재무예산을 배정하는 일, 조직업무 지원을 위해 조직화하는 일, 정보전자정부를 통해 좀 더 편리하게 국민들에게 다가가는 일 등을 다룬다. 또한 복잡한 현대사회의 공공문제를 해결하여 국민의 삶을 좀 더 풍요롭고 편안하게 다가가는 문제를 연구하다 보니 정부와 시장기업, 시민사회NGO와의 네트워크, 협력적 거버넌스, 뉴거버넌스 등을 다루게 된다.

행정학의 효시는 윌슨을 들 수 있다. 윌슨은 정치로부터 엽관주의 폐해를 지키고 행정의 독자성을 주창하였으므로 미국 행정학의 아버지라고 불린다. 그리고 이를 정치행정이원론이라 한다고 말했다. 행정을 정치로부터 분리시키다보니 행정은 경영 혹은 관리 기능으로 이해하며, 그 능률적 원리를 규명하려고 노력하였다. 웨버의 관료제 모형, 테일러의 과학적 관리법 모두 비슷한 맥락에서 행정학의 원리 규명에 애썼다. 이들의 주장을 고전적 행정학 혹은 전통적 행정학이라고 불렀다.

1930년대가 되자 1차 세계대전을 거치면서 세계는 또 한 번 경제대공황을 맞아 어려운 시대로 돌입하게 된다. 당시 미국의 루즈벨트 대통령은 실의에 빠진 국민들에게 자신감을 불어넣어 주고, 불안한 시대를 극복해 나갈 수 있다는 희망을 전해 주었다. 그전까지만 해도 정부는 시장경제에 개입하지 않는 것이 좋다는 자유방임형 경제원리가 지배적이었지만, 루즈벨트는 과감한 발상의 전환을 통해 케인즈Keynes식 수정자본주의 이론을 도입하였다. 그래서 정부는 테네시강 유역 개발사업TVA: Tennessee Valley Authority과 같은 대규모 공공투자사업 등을 통해 시장의 수요와 고용을 창출하려는 노력을 지속적으로 펼쳐갔다.

루즈벨트 정부의 농림부 장, 차관 등을 지내면서 뉴딜정책을 입안하고 실행한 경험을 쌓았던 애플비그리고 디목, 러너와 같은 그의 동료들는 기존의 행정학 이론인 정치행정이원론이 현실과는 잘 맞지 않는다는 것을 깨닫고, 행정은 정치와 분리될 수 없다는 정치행정일원론을 주창하였다. 행정부의 정책결정기능 혹은 정책을 좀 더 실행적인 단계로 계획안을 만드는 정책작성기능 등은 이미 정치적 판단을 요하는 정치기능이기에 행정과 정치가 이원론이라고 주장하는 것은 현실과 동떨어진 주장이라는 것이다. 오히려 그것보다는 행정이 보다 적극적으로 국민들에 대한 책임감 확보를 통해 민주적 행정을 구현해 나가는 것이 국리민복國利民福을 위해 더 중요하다고 보았다.

한편, 1940년대에 들어와 사이먼이라는 학자는 행정의 과학화가 중요하다고 보았다. 행정학 연구의 초창기에 이루어졌던 많은 행정원리에 대한 규명은 과학적 검증을 거치지 않은 원리에 불과하다고 비판했다. 사회과학으로서의 행정은 단순한 기술Art이 아닌 과학Science이 되어야 한다고 주장했다. 현실적으로 검증 가능한 데이터의 확보를 통해 가설을 정립하고 가설을 검증하는 과정에서 좀 더 신뢰성 높고 타당성 높은 이론모형을 정립해 가려는 과학적 노력이 중요하다고 보았다. 이러한 연구경향을 논리실증주의라고 하고, 이를 행정연구에 도입하여 행정행태공무원들의 조직행태들을 집중적으로 연구했다고 하여 행정행태주의라고 부른다. 행정연구의 과학화를 위해서는 가치판단과 같은 주관적 문제는 연구에서 배제하고 객관적 사실문제만을 다루어야 한다고 하여, 가치와 사실의 분리, 새이원론이라고 불렸다. 윌슨시대의 이원론은 정치로부터의 행정의 독립이라는 의미에서의 이원론이었다면, 사이면은 정치와 행정이 일원적 현상이라는 것은 인정하겠지만, 행정의 과학적 연구를 위해 가치명제와 사실명제를 구분하자는 것이니 새이원론이라고 한 것이다.

1945년 세계 2차대전이 끝나면서 많은 신흥국이 독립을 하게 되었다. 우리나라도 이 시점에 일본의 식민지로부터 해방된 것이다. 세계전쟁이 끝나자 미국의 행정학자들도 1950년대에는 선진국 행정과 후진국 행정의 비교연구들을 많이 하게 되었다. 앞서 살펴본 리그스도 그중 한 명이었다. 아버지를 따라 중국에서 어린 시절을 보냈던 외국 경험도 선진국과 후진국의 행정현상을 선진국 중심의 편견에 사로잡히지 않고 좀 더 균형 있게 비교하는 데 큰 도움이 되었다. 아무튼 리그스는 프리즘 모형, 살라 모형 등을 개발하면서 개발도상국의 행정현상을 규명하는 데 큰 업적을 세웠다.

1950년대의 이러한 비교행정 연구는 1960년대 발전행정 연구에 많은 밑받침이 되었다. 비교행정 연구를 하던 많은 학자들이 발전행정 연구를 하게 되었기 때문이다. 앞서 살펴본 와이드너도 그런 경우다. 선진국과 후진국의 행정을 비교연구하다 보니 후진국의 행정현실에 좀 더 빨리 눈을 뜨게 된 것이다. 그리고 낙후된 후진국 혹은 개발도상국의 행정발전을 단시간 내에 달성하기 위해서는 언제까지나 서구식 민주주의 모형을 따를 수는 없다는 것을 인식하였다. 서구식 민주주의 모형은 적어도 몇 백 년이라는 세월을 거치면서 정착된 제도다. 따라서 개발도상국에서는 그나마 비교적 훈련이 잘된 정부의 관료조직을 활용하여 경제계획을 세우고 일사분란하게 실행에 옮겨야 된다고 주장하게 된다1960년대 초반부터 이루어진 우리나라 경제개발 5개년 계획을 생각하면 이해하기가 쉬울 것이다. 개도국의 국가발전을 위해서는 변화동인으로서의 관료bureaucrat as a change agent가 사회에 계획된 변화planned change를 의도적이고 체계적으로Intentionally and systematically 도입해야 된다고 보았다. 아무튼 이러한 발전행정론을 새일원론이라고 부른다. 1930년대 정치행정일원론은 행정이 정치기능도 하고 있다는 정치기능설 차원의 일원론이었다면, 1960년대 발전행정론은 행정이 정치기능 정도가 아니라 국가발전을 영도하고 정치를 선도적으로 이끌어나가는 행정영도론 차원이었기에 새일원론이라고 불렀다. 하지만 이러한 행정영도론은 국가발전에는 효율적일지 모르나 민주주의적 가치를 훼손시킬 염려가 크다는 점이 비판받기도 하였다.

지금까지 우리는 정치행정이원론, 정치행정일원론, 새이원론, 새일원론에 대해서 살펴보았다. 이는 행정학의 기초가 되는 학설 사이므로 행정학 공부를 위해서 먼저 잘 정리해 두면 도움이 된다. 한 가족에게도 족보가 있듯이, 학설사적 족보 역시도 학문적 뿌리를 파악하는 데 많은 도움이 되기 때문이다.

1960년대가 우리나라와 같은 개발도상국들에게 경제개발을 위한 격변의 시기였다면, 미국에게도 또 다른 의미에서 격변의 시기Age of Turbulence였다. 케네디 대통령의 암살, 흑백 인종갈등의 심화, 루터 킹 목사의 암살, 월남전 패망, 인권과 정의를 외치는 학생 데모의 격화 등 선진국이었던 미국도 소용돌이의 장 속에서 엄청난 격변의 시기를 보내고 있었다. 이러한 시대적 배경 속에서, 앞에서도 살펴보았듯이, 왈도 교수의 고민이 싹텄던 것이다.

1940년대 사이먼 교수가 행정연구의 과학화를 위해 행정행태주의를 역설했다면, 1960년대 후반 왈도 교수는 좁은 의미의 행정연구의 과학화만으로 근본적 사회문제를 해결할 수 없다고 보았다. 이를 전기행태주의에 대비하여 후기행태주의라고 한다. 혹은 새로운 행정운동이라고 하여 신행정학이라고 불렀다. 가치문제를 행정연구에 배제할 것이 아니라 가치문제의 중시, 사회적 형평성에 대한 새로운 인식, 사회약자 보호를 위한 행정연구, 행정인의 적극적 역할 인식 등이 필요하다고 보았다.

사실 라스웰 교수의 정책학 운동도 이러한 신행정학 운동과 궤를 같이한다. 그런데 놀랍게도 라스웰 교수는 1950년대 초반에 이미 이러한 주장을 했다. 하지만 당시는 행정행태주의가 너무나도 팽배해 있던 시기라 라스웰의 주장이 큰 반향을 일으키지 못했다. 1960년대 후반 후기행태주의 혹은 신행정학이 새로운 힘을 받으면서 1970년 초반 이후 정책학에 대한 관심도 재조명되기 시작했다. 그 이후로 정책학은 미국 대학, 대학원에서 폭발적 관심을 받으면서 성장하게 된다. 미국 하버드대학의 케네디 정책대학원, 프린스턴대학의 윌슨정책대학원, 텍사스 오스틴대학의 존슨정책대학원 등은 모두 미국의 위대한 대통령들 이름을 따온 것으로, 그들의 성공적 리더십과 정책혁신운동, 정책분석과 거버넌스에 대한 연구를 활발하게 진행하고 있다.

1970년대는 또 한 번 세계경제가 침체기에 빠졌던 시기였다. 두 번의 중동전쟁과 에너지 위기, 물가가 오르면서 고용까지도 침체에 빠지는 스태그플레이션 등으로 공공부문에서 적자가 심화되는 시기였다. 1979년에 영국에서 정권을 잡은 대처 수상, 1980년에 미국의 레이건 대통령은 이러한 시기에 공공부문을 개혁하고자 했다. 방만해진 공기업 적자 운영, 비대해진 공공부문을 개혁하기 위해 정부기구 개혁과 축소를 단행했다. 이론적으로 이는 신공공관리론NPM에 근거를 두고 이러한 공공부문 축소와 개혁을 단행하고자 했다.

이러한 초기의 신공공관리는 1993년 앨고어/클린턴 행정부가 출범하면서 기업가적 정부라는 이름으로 새로운 조명을 받게 된다. 특히 기업가적 정부는 게블러와 오스본이라는 학자가 제시한 정부혁신 혹은 정부 재창조 이론에 토대를 두고 있다. 이에 앨고어 부통령은 새로운 연방정부의 개혁기구인 NPR국가성과위원회, National Performance Review을 출범시키고, 전자정부IT 혹은 IT를 정부에 접목시킨 전자정부, e-Government와 정부개혁을 접목시키는 등 대대적인 정부혁신운동을 펼치게 된다. 모두가 비용은 덜 들이면서 효율적인 정부를 만들고, 시민들을 진정한 고객 혹은 주인으로 인식하고 정부 서비스를 제공하자는 민주적 정부 만들기의 일환으로 이해하면 될 것이다. 행정학에서 계속 반복되는 테마는 역시 어떻게 하면 정부를 효율적으로 만들까 하는 문제와 어떻게 하면 나태해지거나 무사안일해질 수 있는 관료들의 사명감/책무성을 고취시켜 민주적인 행정을 펼치게 만들 수 있을까 하는 민주성의 문제로 귀결된다고 보면 된다.

1990년대는 세계화, 정보화, 민주화 등이 심화된 시기였다. 인터넷Internet, www으로 대변되는 정보화의 발달, 세계무역기구WTO의 출범과 함께 시작된 신자유주의적 무한경쟁체제로 촉발된 세계화, 그리고 지방화와 함께 시민의식의 성장으로 변모된 민주화 등이 화두였다. 현대사회의 복잡성을 여실히 반영하는 단어들이다. 재정압박과 함께 공공재정이 축소되면서도 시민들의 정부에 대한 기대와 요구는 날로 높아져만 갔다. 한마디로 통치능력은 줄어드는데 통치요구는 폭증하는 사태라고 할까? 재정, 즉 돈은 없는데 시민들의 정부 서비스에 대한 요구는 늘어만 가고 있다. 이러한 배경하에 등장하게 된 개념이 거버넌스다. 복잡해진 현대사회의 공공문제를 정부만이 해결하기에는 이제 한계가 있고, 정부가 다 하려고 할 것이 아니라정부가 나서서 모든 노젓기에 몰두하기보다는 방향잡기가 필요하다는 것이다 때로는 민간기업을 동원하기도 하고 때로는 주민자치를 독려하기도 하는 등 정부-시장-시민사회가 서로 협력하여 공공문제를 해결하는 협력적 거버넌스 혹은 네트워크 거버넌스가 필요하다는 시대적 요구가 등장하게 된 것이다.

공유지의 비극, 혹은 공공재의 딜레마를 해결하기 위해 때로는 유인구조incentive structure를 포함한 제도의 역할을 강조하기도 하고 오스트롬의 IAD 모형, 현대사회의 갈등구조를 해결하기 위한 전략적 틀로서 정책옹호연합모형과 같은 이론적 모형을 강조하는 학자사바티어와 ACF 모형도 등장하기 시작했다. 한마디로 현대행정학현대정책학은 정치행정이원론, 정치행정일원론과 같은 단순한 발상에서 벗어나 네트워크, 제도주의, 거버넌스 등 다양한 도구들을 문제해결에 동원할 필요가 있다고 보고 있다. 현대사회의 복잡성 속에서 이제는 어느 한 연구방법론을 고집하기보다는 네트워크 분석, 제도주의 이론, 거버넌스연구 등 다양한 형태의 연구방법론을 통해 정부운영방식을 분석하는 것이 중요하다고 본 것이다. 현대사회의 공공문제들은 1) 참여자들의 다양성, 2) 역동적이고 동태적 과정, 3) 행정 및 정책문제의 복잡성, 4) 제도와 행태의 상호작용, 5) 사회 네트워크의 중요성 등을 특징으로 하고 있기 때문이다.

　종합적으로 보면, 재미있는 현상은 1880년대 말, 1930년대 이후 시대별로 혹은 세계정치경제International Political Economy적 환경의 격변으로부터 한 시대의 획을 그은 이론가들이 등장했다는 사실이다. 초기 고전적 행정학웨버, 윌슨, 테일러에 이어 정치행정일원론의 애플비정치가로서는 루즈벨트 대통령, 새이원론의 사이먼, 새일원론의 와이드너, 비교행정의 리그스, 신행정학의 왈도, 정책학의 라스웰앨리슨의 정책결정모형, 킹돈의 정책흐름모형, 사바티어의 ACF 모형, 신공공관리론오스본·게블러, 정치가로서는 초기의 대처 수상, 레이건 대통령, 1990년대 앨고어 부통령의 기업가적 정부, 뉴거버넌스피터스; 1996 & 2005와 신제도주의오스트롬의 IAD 모형등이 그 주인공이라고 보면 되겠다. 아무래도 현대행정학은 이러한 거장들의 학문적 기여에 큰 빚을 지고 있는 셈이다. 이들의 고민과 노력으로 사회와 행정현상을 바라보는 이론적 렌즈들이 하나씩 더 생기게 되었고, 복잡한 문제를 해결하는 우리의 능력도 더 향상된 것으로 볼 수 있다. 현재 발생하고 있는 다양한 우리 사회의 갈등과 문제들을 논의할 때에도 이들이 했던 동시대적 고민과 사유들을 빌려와서 공통점과 차이점들을 발견하려고 해보면 유익할 것 같다. 혹시 아는가? 그러한 고민 속에서 우리도 현상과 설명의 괴리를 발견하게 되고, 그 고민 끝에 우리 스스로도 우리 사회의 문제를 설명하는 새로운 이론모형을 제시하게 될지? 모든 학문적 거장의 이론적 성과도 결국은 그들의 학문적 이상과 사회적 현실 사이에 존재하는 갭Gap을 메우려는 부단한 노력의 산물이 아니었을까?

참고문헌

〈국내문헌〉

강영기. (1987). 『행정학의 이론과 역사』. 서울: 대왕사.

권기헌. (1997). 『정보사회의 논리』. 서울: 나남출판.

_____. (2007a). 『정책학의 논리: Lasswell 정책학의 현대적 재조명』. 서울: 박영사.

_____. (2007b). 『전자정부론: 전자정부와 국정관리』. 서울: 박영사.

_____. (2008a). 『정책학: 현대정책이론의 창조적 탐색』. 서울: 박영사.

_____. (2008b). 『미래예측학: 미래예측과 정책연구에 관한 방법론 서설』. 파주: 법문사.

_____. (2009). 『행정학: 미래지향적 국정관리의 창조적 탐색』. 서울: 박영사.

_____. (2011). 『행정학원론』. 서울: 학림.

_____. (2007a). 정책이론과 거버넌스. 「국정관리연구」.

_____. (2007b). 정부개혁과 거버넌스. 「국정관리연구」.

_____. (2009). 전자정부와 거버넌스. 「국정관리연구」.

김광웅. (1983). 『행정과학서설』. 서울: 박영사.

김덕영 역. (2010). 『프로테스탄티즘의 윤리와 자본주의 정신』. 막스 베버 저. 길.

김명남 역. (2006). 『불편한 진실: 앨 고어의 긴급 환경 리포트』. 앨 고어 저. 좋은생각.

김석준 외. (2000). 『뉴 거버넌스 연구』. 서울: 대영문화사.

김영성 역. (1997). 『왈도의 행정학강의』. 드와이트 왈도 저. 한울.

노정현·박우서·안용식. (1994). 『행정개혁론: 이론과 실제』. 서울: 나남출판.

동아일보. (2003. 7. 28.). "['참여형 행정개혁' 어떻게] 가이 피터스 — 남궁근 교수 대담".

박대견. (1995). 『앨 고어 정보초고속도로: 21세기를 여는 비밀 열쇠』. 서울: 길벗.

박상훈 역. (2011). 『막스 베버 소명으로서의 정치』. 막스 베버 저. 폴리테이아.

삼성경제연구소 역. (1994). 『정부혁신의 길』. 데이빗 오스본·테드 게블러 저. 삼성경제연구소.

안종설 역. (2008). 『이성의 위기』. 앨 고어 저. 중앙북스.

오정석·박영호 역. (2010). 『과학적 방법론』. 프레트릭 테일러 저. 21세기북스.

유세준 역. (1998). 『기업형 정부 재창조』. 앨 고어 저. 두남.

윤홍근·안도경 역. (2010). 『공유의 비극을 넘어 공유자원 관리를 위한 제도의 진화』. 엘리너 오스트롬 저. 랜덤하우스코리아.

전성우 역. (2007). 『직업으로서의 정치』. 막스 베버 저. 나남출판.

정용덕 역. (2003). 『거버넌스, 정치 그리고 국가』. 피터스·피에르 저. 법문사.

〈국외문헌〉

Alan, Axelrod. (2003). 『두려움은 없다(불굴의 CEO 루즈벨트)』. 나선숙(역). (2004). 서울: 한스미디어. *Nothing to Fear: Lessons in Leadership from FDR*. New York: Portfolio.

Appleby, Paul Hensen. (1949). *Policy and Administration*. Alabama: University of Alabama Press.

Appleby, Paul Hensen. (1945). *Big Democracy*. New York: Alfred A. Knof.

Chang, Ha-Joon. (2010). 『그들이 말하지 않은 23가지: 장하준, 더 나은 자본주의를 말하다』. 김희정·안세민(역). 서울: 부키. *23 Things They Don't Tell You About Capitalism*. New York: Bloomsbury Press.

Jenkins-Smith, Hank C., and Paul A. Sabatier. (1993). "The Study of Policy Process". In Paul A. Sabatier and Hank C. Jenkins-Smith (eds.). *Policy Change and Learning*. Boulder, CO: Westview Press. Chap. 1.

Kingdon, John W. (1984). *Agendas, Alternatives, and Public Policies*. Harper Collins.

Kingdon, John W. (1989). *Congressmen's Voting Decisions*. Ann Arbor: University of Michigan Press.

Kingdon, John W. (1998). *America the unusual*. New York: St. Martin's Press.

Lasswell, Harold D. (1943a). Memorandom: Personal Policy Objectives (October 1). Archived at Sterling Library. New Haven, CT: Yale University.

Lasswell, Harold D. (1943b). Proposal: The Institute of Policy Sciences (October 1). Archived at Sterling Library. New Haven, CT: Yale University.

Lasswell, Harold D. (1949). *Power and Personality*. New York: Norton.

Lasswell, Harold D. (1951). The Policy Orientation. Harold D. Lasswell and D. Lerner(eds.). *Policy Sciences*. Stanford, CA: Stanford University. Press. 3−15.

Lasswell, Harold D. (1955). Current Studies of the Decision Process: Automation versus Creativity. *The Western Political Quarterly*. 8: 381-399.

Lasswell, Harold D. (1965a). *World Politics and Personal Insecurity*. New York: The Free Press.

Lasswell, Harold D. (1965b). The World Revolution of Our Time: a Framework for Basic Policy Research. Harold D. Lasswell and D. Lerner(eds.). *World Revolutionary Elites: Studies in Coercive Ideological Movements*. Cambridge, MA: The MIT Press. 29-96.

Lasswell, Harold D. (1970). The Emerging Conception of the Policy Sciences. *Policy Sciences*. 1: 3-14.

Lasswell, Harold D. (1971). *A Pre−View of Policy Sciences*. New

York: Elsevier.

Lasswell, Harold D. & Myres S. McDougal. (1992). Jurisprudence of a Free Society. *Studies in Law, Science and Policy* (Vol. 2), New Haven, CT: New Haven Press.

Olson, Mancur. (1965). *The Logic of Collective Action: Public Goods and the Theory of Groups.* Cambridge, MA: Harvard University Press.

Ostrom, Elinor. (1986). An Agenda for the Study of Institutions. *Public Choice.* 48(1): 3-25.

Ostrom, Elinor. (1990). *Governing the Commons: The Evolution of Institutions for Collective Action.* New York: Cambridge University Press.

Ostrom, Elinor. (1992). *Crafting Institutions for Self−Governing Irrigation Systems.* San Francisco, CA: ICS Press.

Ostrom, Elinor. (2005). *Understanding Institutional Diversity.* Priceton, NJ: Princeton University Press.

Ostrom, Elinor. (2010). 『공유의 비극을 넘어』. 윤홍근·안도경(역). 서울: 랜덤하우스코리아. *Governing the Commons: The Evolution of Institutions for Collective Action.* New York: Cambridge University Press. 1990.

Peters, B. Guy. (1996). *The Future of Governing: Four Emerging Models.* Lawrence, KS: University Press of Kansas.

Peters, B. Guy. (2001). *The Future of Governing.* Lawrence, KS: University Press of Kansas.

Pierre, Jon & B. Guy Peters. (2005). *Governing Complex Societies:*

Trajectories and Scenarios. New York: Palgrave Macmillan.

Riggs, Fred. Warren. (1961). *The Ecology of Public Administration.* New Delhi: Asia Publishing. House.

Riggs, Fred. Warren. (1964). *Administration in Developing Countries: the Theory of Prismatic Society.* Boston: Houghton Mifflin.

Roosevelt, Franklin D. (1933). *Looking Forward.* New York: John Day Company.

Roosevelt, Franklin D. (1934). *On Our Way.* New York: John Day Company.

Roosevelt, Franklin D. (2009). 『프랭클린 루스벨트의 온 아워 웨이』. 조원영(역). 파주: 글항아리. *On Our Way.* New York: John Day Company. 1934.

Sabatier, Paul A. (1993). Policy Change over a Decade or More. In Paul A. Sabatier and Hank C. Jenkins-Smith (eds.). *Policy Change and Learning.* Boulder, CO: Westview Press.

Sabatier, Paul A. (ed.). (1999). *Theories of the Policy Process.* Boulder, CO: Westview Press.

Simon, Herbert A. (1946). The Proverbs of Administration. *Public Administration Review.* 6(1): 53-67.

Simon, Herbert A. (1947). *Administrative Behavior: A Study of Decision-making Processes in Administration Organization.* New York: Macmillan.

Taylor, Frederick Winslow. (1911). *The Principles of Scientific Management.* New York: Harper & Brothers.

Weber, Max. (1947). *The Theory of Social and Economic*

Organization. A. M. Henderson & Talcott Parsons. (tr.). New York: Oxford University Press.

Weber, Max. (1988). 『프로테스탄티즘의 윤리와 자본주의 정신』. 박성수(역). 서울: 문예출판사. *Die Protestantische Ethik und der Geist des Kapitalimus.*

Weber, Max & Richard, Swedberg. (1999). *Essays in Economic Sociology.* Richard Swdberg. (ed.). Princeton, NJ: Princeton University Press.

Weber, Max. (2001). *The Protestant Ethic and the Spirit of Capitalism.* Talcott. Parsons. (tr.). London: Routledge. 1976.

Weber, Max. (2002). *The History of Commercial Partnerships in the Middle Ages.* Lutz Kaelber. (tr.). Lanham, MD: Rowman Littlefield. 1889.

Weidner, Edward W. (1962). *The World Role of Universities.* New York: McGraw-Hill.

Weidner, Edward W. (1964). *Technical Assistance in Public Administration Overseas: The Case for Development Administration.* Chicago: Public Administration Service.

Weidner, Edward W.(ed.) (1970). *Development Administration in Asia.* Durham, NC: Duke University Press.

Wilson, Woodrow. (1885). *Congressional Government.* John Hopkins University doctoral dissertation in its 15th (1900) edition with a new preface.

Wilson, Woodrow. (1887). The Study of Administration. *Political Science Quarterly.* 2(2): 197-222.

미 주

1) Green, Richard T., Lawrence F. Keller and Gary L. Wamsley, "Reconsituting a Profession for American Public Administration", Public Administration Review, Nov/Dec 1993.

2) 이 절의 내용은 졸저, 『정책학의 성찰』(박영사, 2021)을 수정 보완한 것이다.

3) 엽관주의(spoils system)란 대통령 선거에서 정권을 잡은 사람이나 정당이 관직을 지배하는 정치적 관행을 말한다.

4) 오늘날 '14개조의 평화 원칙'이라 부르는 이 원칙은 자유주의와 민족 자결주의에 따라 전후 세계 질서를 재정립하려는 지침과 같은 것이었다. 14개 항목 중에 5개 항목은 보다 넓은 원칙을 표명한 것으로 1) 공개 외교, 2) 평화 시나 전쟁 시 항해의 자유, 3) 군비 축소, 4) 자유 무역의 원칙, 5) 식민지의 요구에 대한 공정한 판결 등이다. 나머지 9개 항목은 민족 자결의 원칙을 이행하기 위하여 영토적 해결을 표명하는 것으로 6) 독일군의 러시아 영토로부터의 철수, 7) 벨기에의 독립, 8) 알사스 로렌 지방의 프랑스 반환, 9) 폴란드의 독립과 해양 출구 제공, 10) 오스트리아 - 헝가리 제국의 여러 민족의 독립, 11) 이탈리아 국경의 변경, 12) 터키 제국 내 각 민족의 자결과 다르다넬스 해협의 자유 통상, 13) 발칸 지역의 재조정, 14) 영토 보전을 상호 보장하기 위한 국제 연맹 창설 등이다. 우리나라가 일제의 식민지 치하에서 1919년 3·1 독립운동을 거행하게 된 것도 이러한 월슨의 민족자결주의에 힘입은 바가 크다.

5) 미국 대학 졸업 시 교수들로 이루어진 위원회에서 우수한 학생들을 후보로 선출하고 승인하는 절차로 뽑는 명예의 클럽으로서 미국의 대통령 빌 클린턴, 제66대 국무부 장관 콘돌리자 라이스 등이 출신이다.

6) 공유재란 개인이 가지는 사유재와는 다른 개념으로서 누구도 그것을 사적으로 소유하지 않고, 혹시 다른 사람이 그 자원을 사용하더라도 다른 사람이 사용하는 데에는 전혀 영향을 미치지 않는 재화(비경합성)이면서 특정 사람이 그 자원을 사용하지 못하도록 막을 수 없는 특성을 가지는 재화(비배제성)를 가지는 자원을 말한다. 가장 전통적인 예는 국방안보를 들 수 있다. 비핵화를 통해 국방안보가 지켜지면 남한에 살고 있는 사람들은 모두 핵으로부터 보호를 받게 된다는 개념이다. 즉, 국방안보의 우산 아래에서 국민이라면 누구나 비경합성과 비배제성을 지니게 된다.

7) 이 장에서의 논의는 기본적으로 필자의 졸저, 『행정학』(박영사, 2009)의 내용을 토대로 재정리한 것임을 밝힌다.

찾아보기

저자약력

권기헌

저자는 현재 성균관대학교 행정학과 교수로 재직하고 있다. 미국 하버드대학교에서 정책학 석사 및 박사 학위를 취득했으며, 성균관대학교 대학원장을 역임했다. 제26회 행정고시 합격 및 연수원 수석으로 국무총리상을 수상하였으며(상공부 미주통상과 근무), 한국행정학회 최우수 논문상, 미국정책분석관리학회 최우수 박사학위 선정, 한국학술원 우수도서(2회), 문화관광부 우수도서 추천, 미국 국무성 Fulbright Scholarship 수상을 한 바 있다. 한국정책학회 회장, 한국수력원자력 사외이사(감사위원장), 국무총리실 정부업무평가위원 등을 통해 정부 및 사회 봉사활동을 하였다.

대중 및 청소년들의 동기부여, 자아실현, 불교철학 등에 관심이 많으며, 이와 연관하여 『가야산으로의 7일간의 초대』(교보문고 베스트셀러), 『삶의 이유를 묻는 그대에게』, 『포기하지마, 넌 최고가 될거야!』, 『포스트 코로나 이후의 삶』, 『정의로운 국가란 무엇인가』, 『대한민국 비정상의 정상화』, 『정부혁명 4.0』 등을 집필하였다.

학술과 관련하여 정책학, 전자정부론, 행정학을 전공하였다. 『정책학의 심층이론』, 『정책학의 심층분석』(박영사, 2024), 『Policy Science』, 『정책학의 성찰』(박영사, 2021), 『정책학의 지혜』(박영사, 2019), 『정책학의 향연』, 『정책학 콘서트』(박영사, 2018), 『E-Government & E-Strategy』(박영사, 2014) 등이 있다.

제3판
행정학 콘서트

초판발행   2013년 8월 10일
제2판발행   2014년 8월 20일
제3판발행   2025년 1월 31일

지은이   권기헌
펴낸이   안종만 · 안상준

편 집   박세연
기획/마케팅   정연환
표지디자인   이은지
제 작   고철민 · 김원표

펴낸곳   (주) **박영사**
               서울특별시 금천구 가산디지털2로 53, 210호(가산동, 한라시그마밸리)
               등록 1959. 3. 11. 제300-1959-1호(倫)
전 화   02)733-6771
f a x   02)736-4818
e-mail   pys@pybook.co.kr
homepage   www.pybook.co.kr
ISBN   979-11-303-2216-2   03350

정 가   17,000원